貼るだけポスター収録 CD-ROM付き

みんなでつくる 学校の スポーツ安全

編著　金澤良　三森寧子　齋藤千景

SCHOOL SPORTS SAFETY

はじめに

....

　近年、学校という場における安全で安心な環境の確保について、様々な問題が取り上げられ、国全体で取り組みが推進されています[※1]。「学校安全」といっても、①生活安全、②交通安全、③災害安全とその意味するところは多分野にわたっています。その中でも、①生活安全は学校生活における事故防止について包含しており、本書の中心テーマであるスポーツ事故の予防と対応はもちろん、学校生活におけるスポーツのあり方が問われ続けているといえます。

　著者らは、それぞれの立場で、多くのスポーツ事故の予防と対応を行ってきました。その中で課題として感じてきたのは、スポーツを指導する立場にある人と実践する立場である子どものスポーツ事故に関する知識や対応力です。学校における事故は、課外活動において起こることが多く[※2]、その場で適切な対応ができる立場の人がいること、負傷した本人が自らの状態を理解し対応を考えられること（自己管理する力）が重要です。敷地内外に分散された活動場所では、特に事故が起きた現場の的確な対応が必要不可欠です。しかし、実際にはそれぞれの学校の事情や環境、先生の経験値や専門性などから、その対応は一律ではなく、子どもたちのスポーツが適切に安全管理されているとは言い難いのが現状です。また、スポーツを実践する子どもたちが、

自分の身体に起きたことを理解することが重要ですが、その症状を言語化することが難しかったり、状態を把握できないまま無理にスポーツを続けたりしてしまいます。「スポーツに事故はつきもの」と考えるのではなく、事故に対する対応のレベルと自己管理する力が高まれば、スポーツをより安全に楽しめるはずです。

　そこで、著者らは先生と子どもたちがスポーツ事故の予防と対応に一緒に取り組む必要があると考え、教育現場で活用していただく教材として本書を企画しました。

　本書はスポーツの現場の最前線で活躍するアスレティックトレーナーの方々による、最新のエビデンスに基づいた知識や情報とともに、すぐに活用できるためのヒントも紹介しています。養護教諭・体育科教諭・部活動顧問・危機管理担当者・スポーツ指導者・教職課程の学生など子どもの健康やスポーツ活動に関わる全ての方々が、スポーツ安全に向けて一歩前に進むきっかけになれば幸いです。

2020年10月　著者

※1　文部科学省ホームページ（学校安全）
　　　https://www.mext.go.jp/a_menu/kenko/anzen/1339094.htm
※2　日本スポーツ振興センター：平成30年度　災害共済給付状況
　　　https://www.jpnsport.go.jp/anzen/Portals/0/anzen/kyosai/pdf/h30kyuhu.pdf

もくじ

本書の目的

　どの校種においても、学校組織体制としての危機管理に対する取り組みに温度差があることが課題です。本書は、学校管理下におけるスポーツの安全対策と予防や環境づくりに苦労されている、またはこれから取り組もうとされている、教職員や外部指導者の方々に活用していただくことを目的としています。

　本書のテーマは、子どもたちが主体的にスポーツ事故の予防や対応に関する技術や知識を身につけることです。知識の習得はもちろんのこと、意欲を引き出し、子どもたちが中心となって深い学びへと導く構成になっています。子どもたちが作るポスターなどが校内に掲示、共有されることにより、そのポスターに親近感がわき、注目され、興味・関心が継続することも期待できます。さらに、学びを深めるための解説や、子どもたちが自分の体で覚えていく実験や体験など、スポーツ事故の予防と対応を啓発するアクティブラーニングへと導く方法も例示しています。

「誰でも」「どんな環境でも」できる、子どもと一緒に「楽しく学べる」教材を目指して作成いたしました。本書を通して、先生と子ども、子どもたち同士、お互いを思い合いながら取り組んでいく経験が子ども自身の自己効力感を育むことにつながると考えています。

本書の使い方

　本書は学校におけるスポーツ事故への対応や予防、安全のための環境づくりについてまとめたものです。STEP 1、STEP 2、STEP 3と段階を踏んで理解を深め、スポーツ安全の知識や技術を身につけられる構成になっています。

Ⅰ　自分の体を知る

Ⅱ　学校におけるスポーツ事故への対応

STEP 1　貼るだけポスター

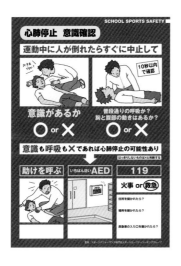

●貼るだけポスター

　付属のCD−ROM内のデータをプリントアウトして貼るだけで、危機管理に対するはじめの一歩となります。事故予防、対応、体制など、それぞれのテーマで最も大切なポイントを簡潔にまとめています。

●オリジナルポスター

　学校の施設や人材、子どもの実態に合わせた場面で写真を撮影し、ポスターにはめ込みます。スポーツで起こりうるシーンや症状を想像し、アセスメント方法を考え、対応や管理方法を実際に体験しながら撮影を進められます。また、子どもたちが作ったポスターが校内に掲示されることで親近感がわき、注目されて興味を持つきっかけとなります。

STEP 2　ワンポイントアドバイス

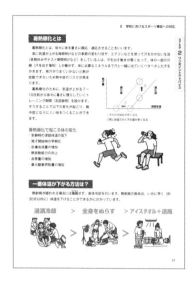

　一般的に知られている情報を軸に、ポスターでなぜポイントになっているかが理解できるようになっています。自分たちでポスターを作成している子どもたちへ添える先生方のワンポイントアドバイスを紹介しています。

STEP 3　やってみよう

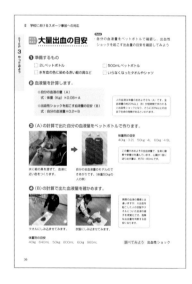

　手軽にできる実験や体験などを通してポスターの内容の裏づけとなる現象を学びます。理科や家庭科など他教科で学んだことにも関連させています。

Ⅲ　研究の最前線

　ポスター、ワンポイントアドバイスの内容をより深く学ぶページです。最新の研究などについても詳しく解説します。

オリジナルポスターの作り方

　CD－ROMには、貼るだけポスターと、イラストなどが入っていないオリジナルポスターが2種類収録されています。貼るだけポスターを見ながら、自分たちがモデルになり、撮影をして、学校オリジナルのポスターを作れます。

　学校オリジナルの危機管理対策の教材としても活用できます。

貼るだけポスター

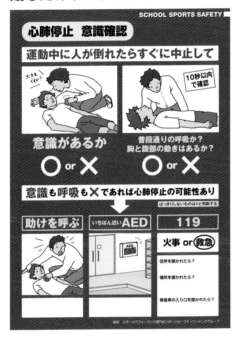

オリジナルポスター

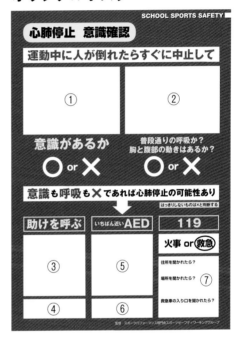

●ポスターのイラストを見ながら、①②③⑤の写真を撮影し、それぞれの場所にはめ込みます。

●助けを呼ぶ際の連絡先を確認し、④に入力します。

●AEDの設置場所を確認し、⑥に入力します。

●学校の住所、事故の発生場所、学校の目印などを確認し、⑦に入力します。

CD－ROMの構成

　巻末のCD-ROMには、「貼るだけポスター」pdf版、「オリジナルポスター」pdf版、png版が収録されています。pdf版はそのままプリントアウトしてお使いいただけます。プリンターの設定で大きさを変更することもできます。png版はPowerPointやWordなどに貼りつけて、撮影した写真を挿入することができます。各学校の状況に合わせてご活用ください。

フォルダ構成

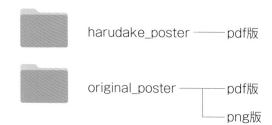

harudake_poster ── pdf版

original_poster ─┬─ pdf版
　　　　　　　　　└─ png版

　　※P.69「雷」は貼るだけポスターのみで、オリジナルポスターはありません。

ご使用にあたって

　以下の内容を了解したうえで、CD－ROMが入った袋を開封してください。

【動作環境】
- パソコンで使用するCD－ROMドライブ必須。
- pdfファイルが閲覧できるソフトウエアがインストールされていること。

【著作権に関しまして】
- 本書付属のCD-ROMに収録されているすべてのデータの著作権は株式会社少年写真新聞社に帰属します。
- 学校内の使用、児童生徒・保護者向けの配布物に使用する目的であれば自由にお使いいただけます。
- 商業誌等やインターネット上での使用はできません。
- データをコピーして配布すること、ネットワーク上にダウンロード可能な状態で置くことはできません。

【ご使用上の注意】
- このCD-ROMはパソコン専用です。音楽用のCDプレーヤー、DVDプレーヤー、ゲーム機等で使用すると、機器に故障が発生する恐れがあります。
- CD-ROM内のデータ、プログラムによって引き起こされた問題や損失に対しては、弊社はいかなる補償もいたしません。本製品の製造上での欠陥につきましてはお取り替えいたしますが、それ以外の要求には応じられません。

I

自分の体を
知る

SCHOOL SPORTS SAFETY ■

バイタルサイン

生きている状態を示す**バイタルサイン**から体を理解する

バイタルサイン①②③（特に意識・呼吸）に異常がある場合は救急車を

①意識
刺激に反応できるか？

◎正常な時の目安
呼びかけに反応し、
平常通りの受け応えができる

②呼吸
普段通りの呼吸をしているか？

◎正常な時の目安
・12〜20回/分
・リズムが一定
・胸の動き方が一定

③脈拍
速さ・強さ・リズムが一定か？

◎安静時の目安
・60〜80回/分

①②③とあわせて測定器具がある場合に確認したいバイタルサイン

④血圧
安静時との差は？

◎正常な時の目安
・最高血圧
　＜120mmHg
・最低血圧
　＜80mmHg

⑤体温
平熱との差は？

◎正常な時の目安
・36〜37℃
※ただし運動直後の腋窩（えき）温は深部体温を正しく反映していない可能性がある

監修　スポーツパフォーマンス稲門会スポーツセーフティワーキンググループ

バイタルサインと観察のポイント

　人間の生きている状態を示すしるし「バイタルサイン」は、意識、呼吸、脈拍、血圧、体温から体の全体的な機能の状態を表す大切な指標です。

意識の観察ポイント

肩をたたきながら名前を呼び、普通の声からだんだん大きくしていく

呼吸の観察ポイント

①どのような呼吸をしているか
②胸郭の動き：
　胸部、腹部の動きを見る
③呼吸数の測定、リズム
④表情、顔色、口唇の色、爪の色

脈拍の観察ポイント

①脈拍数
②リズム（整・不整）
③強さ
④左右の差
　利き手の第2・第3・第4指を動脈に対して直角になるように置く

血圧の観察ポイント

（自動電子血圧計を使用する）

①測定前に1〜2分安静を保つ
②座位になる
③腕の高さは心臓の位置に置く

体温の観察ポイント

①あらかじめ腋窩（わき）を閉じておく
②汗を拭いてから行う
③熱の変化を見る場合は、常に同一側で測定する
④測定時間を守る
⑤腋窩（わき）の最深部に挿入する

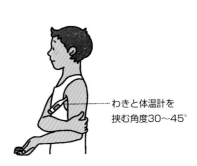

わきと体温計を挟む角度30〜45°

動脈血酸素飽和度について

呼吸を観察するポイントとして、動脈血酸素飽和度（SpO_2）があります。血液中に含まれている酸素の割合を%で示すもので、図のように、パルスオキシメーターという簡易な装置を用いて測定します。健康な人の正常値は96%以上です。

バイタルサインに影響する要因

バイタルサインは、以下のような、日常生活における様々なことに影響されて変動します。

- 年齢
- 交感神経の緊張……コーヒー、紅茶、味つけ（塩分）が濃い食事を好むなど
- 副交感神経の緊張……寝ている時、リラックスしている時
- ストレス、痛み、精神的緊張
- 体位
- 活動、運動
- 日常生活行動……食事、排泄（はいせつ）、入浴
- 貧血
- 季節（気候、気温）
- 時間帯
- ホルモン
- 衣服、寝具

正常値の目安

バイタルサインを測定した時に、その結果が基準値の範囲内であるかどうかを確認することが大切です。

●呼吸数

成人	12～20回/分
学童	18～20回/分

●脈拍数

高齢者	50～70回/分
成人	60～80回/分
学童	70～90回/分
乳幼児	100～120回/分
新生児	120～140回/分

●血圧

	分類	収縮期（最高）血圧		拡張期（最低）血圧
正常域血圧	正常血圧	＜120	かつ	＜80
	正常高値血圧	120～129	かつ	＜80
	高値血圧	130～139	かつ/または	80～89
高血圧	Ⅰ度高血圧	140～159	かつ/または	90～99
	Ⅱ度高血圧	160～179	かつ/または	100～109
	Ⅲ度高血圧	≧180	かつ/または	≧110
	収縮期高血圧	≧140	かつ	＜90

日本高血圧学会 2019

●体温

微熱（軽熱）	37.6～37.9℃または平熱と比較して1.0℃以内
中等熱	38.0～38.9℃
高熱	39.0℃以上

脳の働き

　人が生きていくためには、脳が正しく働いていることが重要です。下の図のように脳が支配する役割は、脳の場所によって違っています。酸素と栄養は血液を通して脳に送られています。

脳は人間の体を動かす司令塔

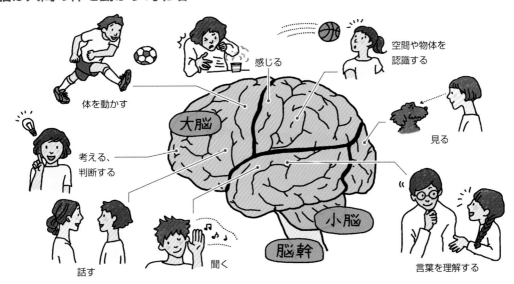

体を動かす

感じる

空間や物体を認識する

見る

考える、判断する

大脳

小脳

脳幹

話す

聞く

言葉を理解する

心臓の働き

　心臓は全身に血液を送り出すポンプの役割があります。肺（新鮮な酸素を取り込む）→左心房→左心室→全身（酸素と栄養を渡す）→右心房→右心室→肺→左心房の順で循環しています。

　運動時には心臓の動きが速くなり、心臓から送り出す血液の量が増加し、休息時には心臓の動きが遅くなり、送り出す血液の量が減ります。

心臓は全身に血液を送り出すポンプ

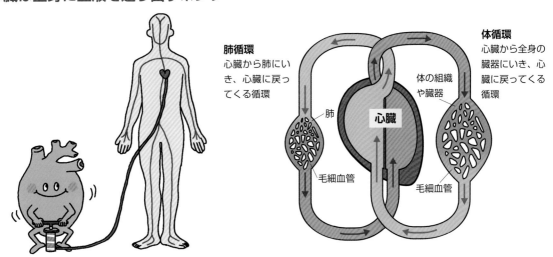

肺循環
心臓から肺にいき、心臓に戻ってくる循環

体循環
心臓から全身の臓器にいき、心臓に戻ってくる循環

肺

心臓

体の組織や臓器

毛細血管

毛細血管

肺の働き

　肺は、呼吸で取り込んだ酸素と二酸化炭素の交換（ガス交換）をする役割があります。酸素は肺胞で血液と結びつき、血液中に取り込まれ、各細胞に届けられます。このガス交換は、無意識に呼吸で調整されています。

肺の働きは
ガス交換

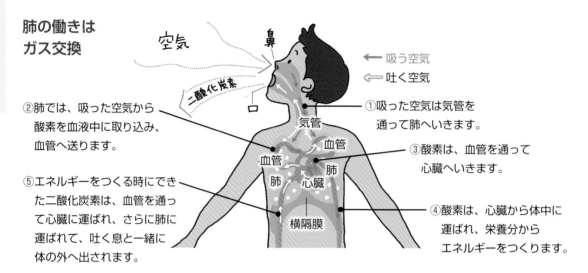

②肺では、吸った空気から酸素を血液中に取り込み、血管へ送ります。

⑤エネルギーをつくる時にできた二酸化炭素は、血管を通って心臓に運ばれ、さらに肺に運ばれて、吐く息と一緒に体の外へ出されます。

①吸った空気は気管を通って肺へいきます。

③酸素は、血管を通って心臓へいきます。

④酸素は、心臓から体中に運ばれ、栄養分からエネルギーをつくります。

血液の働き

　血液は、血管の中を流れ、体の各組織にくまなくいきわたり、栄養分をはじめとして、様々な物質を組織に供給するとともに、組織から老廃物を受け取って運ぶ働きもあります。血液は形をもった血球（細胞部分）と液体成分である血漿（けっしょう）に分けられ、血球には赤血球、白血球、血小板の三種があります。

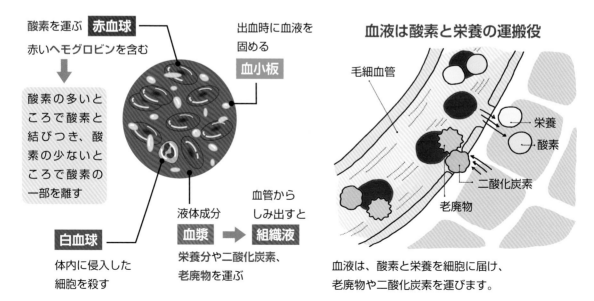

酸素を運ぶ **赤血球**
赤いヘモグロビンを含む

酸素の多いところで酸素と結びつき、酸素の少ないところで酸素の一部を離す

出血時に血液を固める
血小板

白血球
体内に侵入した細胞を殺す

液体成分
血漿 ➡ **組織液**
栄養分や二酸化炭素、老廃物を運ぶ

血管からしみ出すと

血液は酸素と栄養の運搬役

毛細血管

栄養

酸素

二酸化炭素

老廃物

血液は、酸素と栄養を細胞に届け、老廃物や二酸化炭素を運びます。

体温調節の仕組み

　人の体は、いつも自分の体の状態を一定にしようとする働き（ホメオスタシス）があります。体温の調節や水分量の調整もこのホメオスタシスの働きによるものです。気温の変化に応じて、寒い時には鳥肌が立ち、体温が奪われないようにしたり、暑い時には汗をかき、体温を下げたりします。

●体温調節の方法

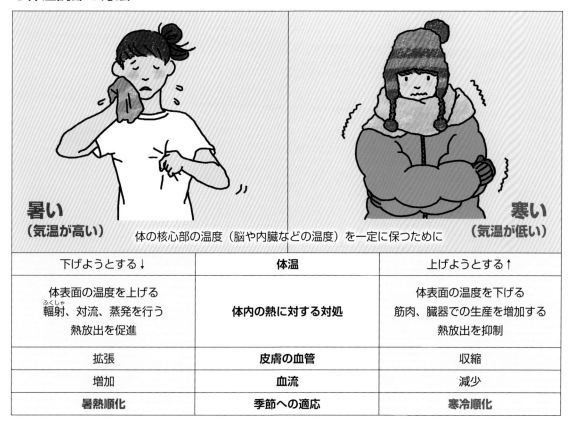

暑い（気温が高い）　　体の核心部の温度（脳や内臓などの温度）を一定に保つために　　寒い（気温が低い）

下げようとする↓	体温	上げようとする↑
体表面の温度を上げる 輻射、対流、蒸発を行う 熱放出を促進	体内の熱に対する対処	体表面の温度を下げる 筋肉、臓器での生産を増加する 熱放出を抑制
拡張	皮膚の血管	収縮
増加	血流	減少
暑熱順化	季節への適応	寒冷順化

> 人は、環境に合わせて温度調整する力を身につけている

無意識に体温を下げる	無意識に体温を上げる
汗をかいて体内の熱を逃がす	代謝を増やして熱を生み出す 震えて熱をつくる
呼吸して体内の熱を逃がす	皮膚血流を少なくして（顔色が青くなって）体温を下げないようにする
皮膚や手足など末梢の血流を増やして体内の熱を逃がす	立毛（鳥肌）になって体温が逃げないようにする

II

学校における
スポーツ事故への対応

STEP 1 貼るだけポスター

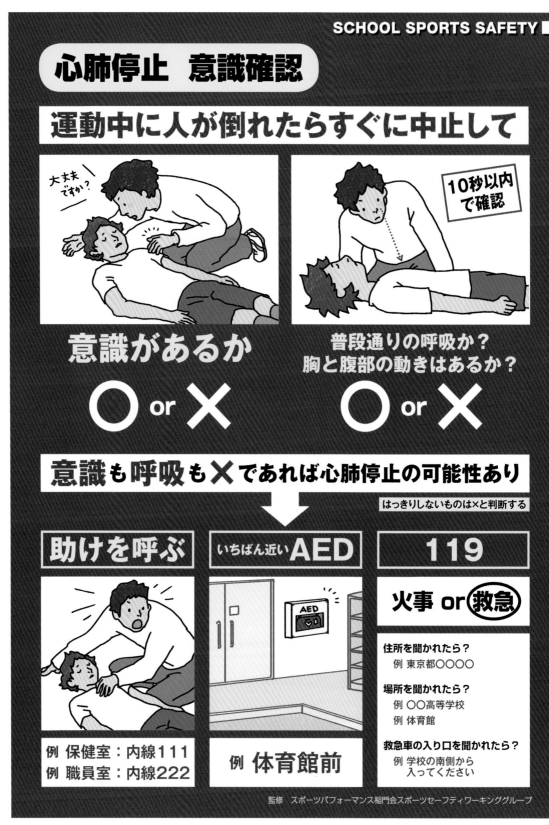

CD-ROMに収録されている貼るだけポスターには、例の文字は入っていませんので、各学校の状況に応じて付け加えてください。

SCHOOL SPORTS SAFETY

心肺停止 応急手当

人工呼吸ができる場合は
胸骨圧迫**30回**ごとに
2回の吹き込みを

1 胸骨圧迫

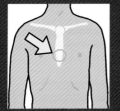

目安は胸の真ん中を

手のひらの付け根で圧迫

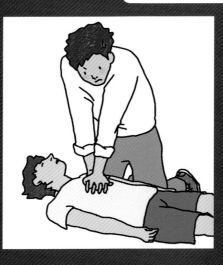

強く圧迫
成人…約5cm以上の深さで
　　　6cmを超えないよう
　　　にする
小児…胸の厚さの3分の1以
　　　上または約5cm

速く圧迫
1分間に100〜120回

中断せずに
胸骨圧迫を交代する場合は
素早く

2 AED　AEDが必要なのか迷ったら装着を！

①AEDの到着

②電源を入れる

ふたを開けると自動的に電源が入るタイプ
もある

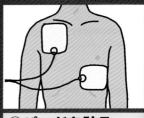

③パッドを貼る

肌に直接貼りつける
ぬれている場合は拭いてから貼る

④解析を待つ

電気ショックが不要な場合は胸骨圧迫を
再開

ショック不要

ショック
必要

⑤電気ショック

そばにいる人全員が離れてからボタンを
押す

胸骨圧迫の継続

AEDは自動で約2分おきに解析するため、
パッドは外さない

監修　スポーツパフォーマンス稲門会スポーツセーフティワーキンググループ

STEP
2 ワンポイントアドバイス

事故の発生状況

　平成26年から平成30年までの5年間の学校管理下で起きた死亡原因と発生場面をグラフに示しました。

学校管理下の死亡（小・中・高等学校・高等専門学校）

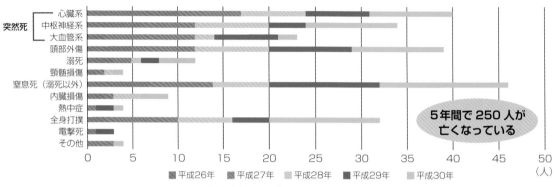

5年間で250人が亡くなっている

■平成26年　■平成27年　▨平成28年　■平成29年　□平成30年

独立行政法人日本スポーツ振興センター　学校の管理下の災害（平成26年〜平成30年）をもとに作成

中学校・高等学校（高等専門学校含）の死亡の発生場面

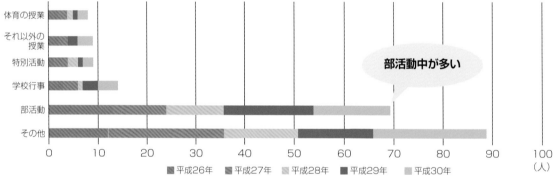

部活動中が多い

■平成26年　■平成27年　▨平成28年　■平成29年　□平成30年

独立行政法人日本スポーツ振興センター　学校の管理下の災害（平成26年〜平成30年）をもとに作成

心肺停止とは

　心肺停止とは、心臓が止まり、呼吸もない状態のことです。心臓（ポンプ役）が停止すると、肺で血液中に取り込まれた酸素と栄養が脳にまわらなくなります。心停止が先に起こる時もあれば、呼吸停止が先に起こることもあります。

全国の救急車到着時間の平均は8.5分
発見者の素早い対応が必要

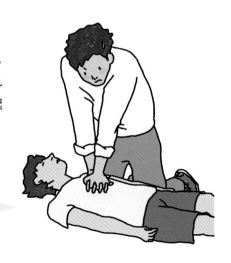

救命のチャンスは

「呼吸停止」から２分以内に心肺蘇生を開始すれば、「蘇生率」は90％です。呼吸・心肺停止後５分を超えると救命率は25％を下回り、助かっても後遺症が残り、社会生活が困難になる可能性が高くなります。

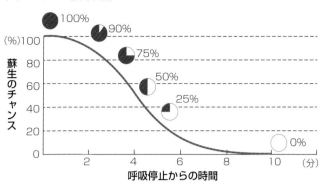

ドリンカーの救命曲線

100%　90%　75%　50%　25%　0%

蘇生のチャンス

(%)100　80　60　40　20　0

2　4　6　8　10　(分)

呼吸停止からの時間

AEDができること

　AEDは、心臓が細かく震えている（けいれんしている）「心室細動」と呼ばれる状態になった心臓へ電気ショックを与えて、正常なリズムで収縮する心臓の本来の動きに戻す医療機器です。

　止まっている心臓を動かすことはできないため、心停止の状態では、AEDからのメッセージは、「ショックは不要」となります。

電気ショックの効果が出た時の心電図の変化

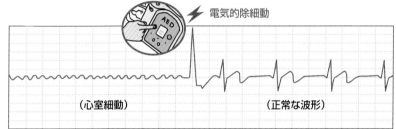

電気的除細動

（心室細動）　（正常な波形）

「普段通りの呼吸ではない」とは

　心停止の直後に、「死戦期呼吸」といわれる不規則で苦しそうな呼吸が見られることがあります。このほか、下顎だけを動かす「下顎呼吸」、口をわずかに開いたまま「ハッ…ハッ…ハッ」という状態の「あえぎ呼吸」、それらが継続する「不規則呼吸」が認められた場合には、呼吸がないと判断して、胸骨圧迫を開始します。

死戦期呼吸

やってみよう 意識の確認

Point
・救急隊や医療関係者も使っているジャパン・コーマ・スケール（JCS）を使って意識確認の体験をしてみよう

❶ 傷病者役はJCS表から傷病者の状態を選んで演じます。

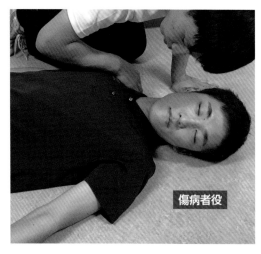

傷病者役

Japan Coma Scale（JCS）

Ⅰ. 刺激しないでも覚醒している状態	
1	だいたい意識清明だが、今ひとつはっきりしない
2	見当識障害がある
3	自分の名前・生年月日が言えない
Ⅱ. 刺激によって、一時的に覚醒する状態	
10	普通の呼びかけで容易に開眼する
20	大きな声または体を揺さぶると開眼する
30	痛み刺激を加えつつ、呼びかけを繰り返すとかろうじて開眼する
Ⅲ. 刺激をしても覚醒しない状態	
100	痛み刺激に対し、払いのけるような動作をする
200	痛み刺激で少し手足を動かしたり、顔をしかめたりする
300	痛み刺激に全く反応しない

R：不穏、I：糞尿失禁、A：自発性喪失（20R、30Iなどと表記する）

❷ 救助者役は傷病者役がJCSのどの状態に合わせて演じたか当ててみます。

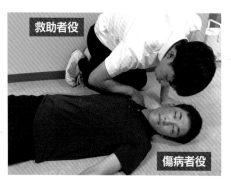

救助者役

傷病者役

おーい？
大丈夫かー？
肩をたたいて
反応したから
JCSのⅡかな

Ⅱの20だったら
こんな感じかな？

❸ 傷病者役がどの状態だったかを確認します。

たたいて反応した
からⅡの20でしょ？

次はサッカーの
試合中の設定で
やろう

正解！
本当だったら
すぐ119番通報だね！

119番通報と心肺蘇生の
実技もあわせて救急隊に
引き継ぐまでをやろう！

制限時間を設けたり、事故発生の場面設定を工夫
したりするとより実践的な声かけになります。

調べてみよう JCS・GCS・痛み刺激

やってみよう 119番通報

Point
・事故が起こる場面を想定して119番通報をロールプレイしてみよう

❶ 場所の設定と施設の所在地を確認します。

例：運動場・体育館・武道場・通学路・合宿施設・大会会場・その他（自由に設定）

❷ 通報の際に伝える傷病者の状態を決めます。

例：意識がない・足を骨折している・頭から血を流している・その他（自由に設定）

❸ 通報者役と受報者役を決め、図に従いロールプレイします。

救急車の呼び方

1 「119番」にダイヤル
2 （火事ですか、救急ですかの問いに）「救急です！」
3 次に「住所」「目印」を（ビルやマンションは名前・号棟・階数・号室も詳しく）
4 事故や傷病者の「様子」を説明（いつ・どこで・だれが・どうして・どうなったかを詳しく）
5 通報者の「氏名」「電話番号」を
6 サイレン音接近。人手があれば救急車を「誘導」（救助者が1人だけの場合は応急手当が優先）
7 救急隊「到着」（行った応急手当、容態の変化、傷病者の持病などを報告）

※119番通報と同時に救急車は出動しています。慌てずに到着を待ちましょう。

119番通報をする際に、電話をスピーカーにすると、両手も自由に使え、応急手当のアドバイスをもらいながら救急車の到着を待つことができます。

通報者役　受報者役

通報者役

受報者役

**心肺蘇生実技と
あわせた通報の例**

ロールプレイ

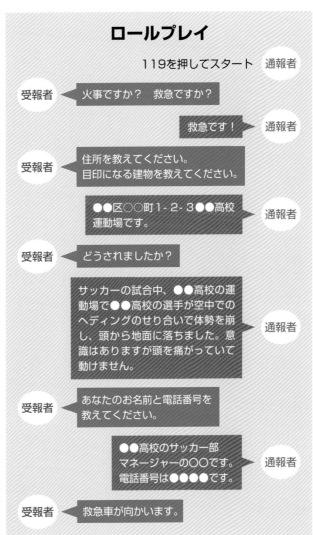

119を押してスタート　通報者

受報者　火事ですか？　救急ですか？

救急です！　通報者

受報者　住所を教えてください。目印になる建物を教えてください。

●●区○○町1-2-3●●高校運動場です。　通報者

受報者　どうされましたか？

サッカーの試合中、●●高校の運動場で●●高校の選手が空中でのヘディングのせり合いで体勢を崩し、頭から地面に落ちました。意識はありますが頭を痛がっていて動けません。　通報者

受報者　あなたのお名前と電話番号を教えてください。

●●高校のサッカー部マネージャーの○○です。電話番号は●●●●です。　通報者

受報者　救急車が向かいます。

調べてみよう　118・#7119

STEP **3** やってみよう

やってみよう 気道の確保

Point
・顔の向きによって変わる空気の通りやすさの違いを自分の体で体験してみよう

❶ いろんな姿勢で呼吸のしやすさを確認します。

頭部後屈顎先挙上法で気道確保する仕組みはこれです。

息がしづらい
下を向いて深呼吸します。

下向きよりはしやすいかな……
横を向いて深呼吸します。

あっ、空気が通りやすいのがわかる
上を向いて深呼吸します。

やってみよう 呼吸と脈の観察

Point
・スポーツ中に起こりうる様々な状況を想定して、他人の呼吸や脈拍を素早く確認する体験をしてみよう

❶ 安静時の観察：背中や胸の動きを見て1分間の呼吸数を当てます。

背中から観察

いろんな角度から観察

正面から観察

仰向けに寝かせて観察

胸や肩が動く胸式呼吸、おなかのあたりが上下する腹式呼吸などがあります。
心停止する前に見られる死戦期呼吸なども調べ、動画などを見てみましょう。

❷ 運動後の観察：踏み台昇降などの運動を実施し、脈拍数や呼吸数が変化した状態で1分間の脈拍数や呼吸数を当てます。

運動した後は呼吸数が増えるな

押さえ過ぎないように軽くのせる感じだよ

体温が1℃上昇すると脈拍数は10-20回／分増加します。運動時や精神的興奮時には増加し、睡眠時にいちばん減少します。

❸ 運動中の緊急時の観察：2人同時に踏み台昇降を行い、脈拍数の上がった状態で1分間の呼吸数を当てます。

寝かせた方がわかりやすいな

自分の脈を感じてしまうな

自分の脈拍数が上がっているから数える時に集中しないと

調べてみよう　死戦期呼吸・チアノーゼ・喘鳴（ぜんめい）・過換気症候群

やってみよう 胸骨圧迫

Point
・身近な曲を使って心臓マッサージのリズムを覚えよう
・集団で同じリズムになるように、心肺蘇生訓練をしてみよう

❶ 準備するもの

☐ 音楽を再生できる機器

☐ 1分間に100～120拍のリズムの音源

☐ 500mL程度の薄くてやわらかい空のペットボトル

☐ キャップを補強するテープ

くしゃくしゃになる
ペットボトル。

❷ 音楽のリズムに合わせて手拍子をします。

全員の手拍子が
そろうように

○○高校の校歌はテンポ113みたいだよ！　普段耳にする曲だと体が覚えているからいいね！

100～120テンポの曲
・世界に一つだけの花
・A Whole New World　映画『アラジン』
・アンパンマンのマーチ
・チェリー　など

❸ みんなで音楽に合わせて一斉に心臓マッサージをします。

キャップ2個分の深さ
を押し込む

腕をまっすぐにして、手をペットボトルの上にのせます。

ペットボトルの真ん中を上から押します。

胸骨圧迫の要領で、中心部を真上からキャップ2個分の深さが、心肺蘇生訓練用人形の適正な圧迫とほぼ同じになります。

調べてみよう　CPRトレーニングボトルプロジェクト・テンポが100～120の曲・心肺蘇生の「成人」「小児」「乳児」の年齢区分

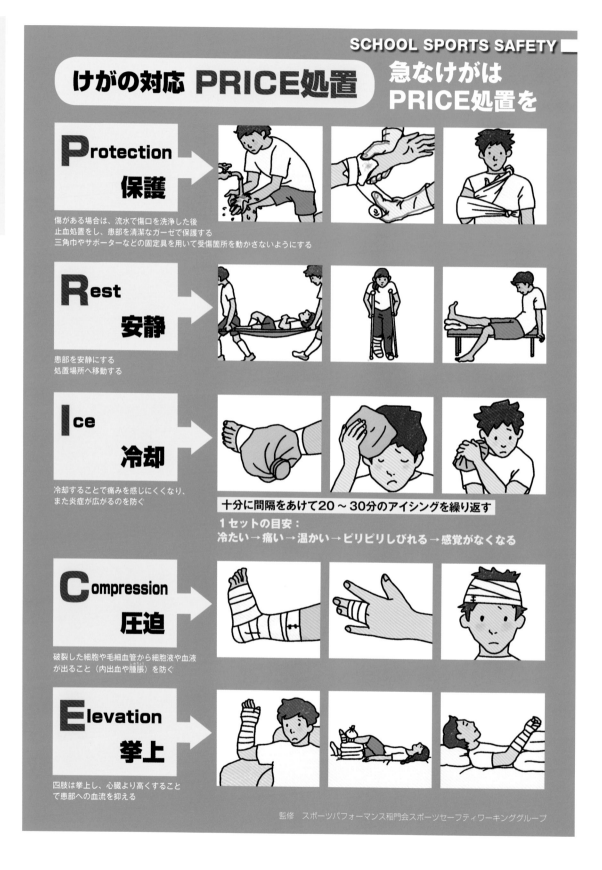

SCHOOL SPORTS SAFETY

けがの対応 止血処置

処置をする時は感染症予防のため、手袋やビニール袋などを使い、直接血液を触らないようにしましょう

まずは**直接圧迫法** 止まりそうにない場合は **間接圧迫法**もあわせて

- 清潔なガーゼや布で直接押さえる
- 手や足の場合は心臓より高くする

例：鼻血

例：頭部の傷

例：折歯の出血

例：目の傷

出血部位より心臓に近い側の脈が触れる止血点を押さえる

心臓　心臓

全身の止血点

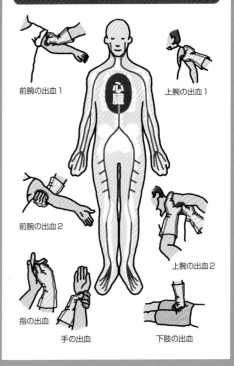

前腕の出血1　上腕の出血1　心臓
前腕の出血2　上腕の出血2
指の出血　手の出血　下肢の出血

注意が必要な出血

◆出血性ショック→急いで救急車を！
　大量出血により、顔面蒼白・冷や汗・脈が弱く、速くなる・虚脱・呼吸不全などを起こしている時は救急搬送

◆出血は止まったが傷口が大きい、範囲が広い

◆出血は止まったが、ひどい痛みがあり、骨折、捻挫、脱臼、打撲の可能性がある

◆衛生的ではない環境でけがをした

◆異物の混入（砂など）から、傷が感染症を起こす心配がある

監修　スポーツパフォーマンス稲門会スポーツセーフティワーキンググループ

けがの発生状況

中高生では打撲や捻挫などのPRICE処置が必要なけがが多く発生しています。

けがの内訳

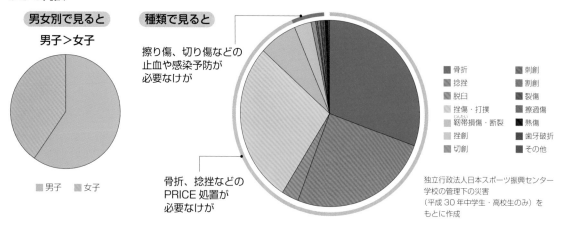

男女別で見ると
男子＞女子

■男子　■女子

種類で見ると

擦り傷、切り傷などの
止血や感染予防が
必要なけが

骨折、捻挫などの
PRICE 処置が
必要なけが

骨折　　　　刺創
捻挫　　　　割創
脱臼　　　　裂傷
挫傷・打撲　擦過傷
靭帯損傷・断裂　熱傷
挫創　　　　歯牙破折
切創　　　　その他

独立行政法人日本スポーツ振興センター
学校の管理下の災害
（平成 30 年中学生・高校生のみ）を
もとに作成

どの部位にけがが多いか

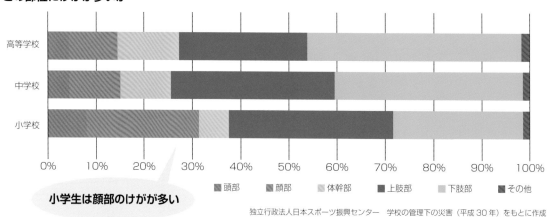

高等学校／中学校／小学校

■頭部　■顔部　■体幹部　■上肢部　■下肢部　■その他

小学生は顔部のけがが多い

独立行政法人日本スポーツ振興センター　学校の管理下の災害（平成 30 年）をもとに作成

顔のどの部位にけがが多いか

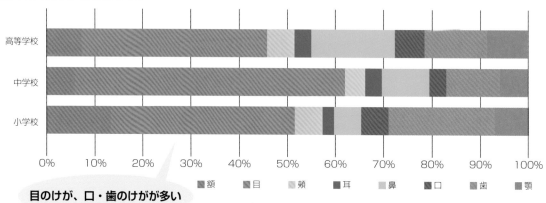

高等学校／中学校／小学校

■額　■目　■頬　■耳　■鼻　■口　■歯　■顎

目のけが、口・歯のけがが多い

独立行政法人日本スポーツ振興センター　学校の管理下の災害（平成 30 年）をもとに作成

PRICE処置の目的

PRICE処置は、打撲、捻挫、突き指などの外傷時に行う応急手当です。

Protection
保護

患部を清潔にして保護
することで出血、炎症、
感染を防ぎます。

Rest
安静

患部及びその周辺部位
を安静にすることで、
さらに悪化していくこ
とを防ぎます。

Ice
冷却

冷却により血管を収
縮させたり、細胞の
代謝を抑制したりす
ることで、内出血や
組織の炎症を防ぎま
す。また、寒冷によ
り皮膚感覚を鈍化さ
せ、痛みを軽減させ
ます。

Compression
圧迫

けがの箇所を適度に圧迫
することで、けがをした
組織の細胞液がほかの部
分に流れ込むことを防
ぎ、内出血と腫れを防止
します。

Elevation
拳上

患部を心臓より高く
することで、血液が
流れにくくなり、内
出血や腫れを予防し
ます。

創傷の種類と特徴

創傷とは皮膚組織が損傷された傷のことです。傷の形状から、切創、刺創、擦過傷、咬創<ruby>咬創<rt>こうそう</rt></ruby>な
どに分けられます。

切創 （きりきず）

ナイフやガラスの破片など、
鋭いもので皮膚が傷つけられ
た状態。

手当 皮膚を寄せて傷口をぴっ
たりふさぐこと。開いたまま
だと、出血が止まりにくく、
細菌が入りやすい。

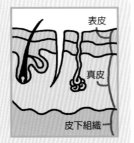

表皮
真皮
皮下組織

刺創 （さしきず）

釘やとげなど、とがった異物が皮膚
に突き刺さることで起こる。傷口は
小さいが、深さがあることも。

手当 痛みがある時は異物が残ってい
る場合がある。ガラスの破片などは
慌てて抜くと神経を傷つけることが
ある。古い釘などは破傷風の危険が
あるため受診する。

擦過傷 （すりきず）

皮膚が擦れて傷口がざらざら
した状態。

手当 流水で丁寧に傷口を洗う。
異物は除去する。傷口は乾か
さない。

咬創 （かみきず）

犬、猫などの動物や、人間の歯でか
まれることによって起こる。犬、猫
の場合は傷が深いことも。

手当 傷が深い場合は感染の危険性が
高いので受診する。野生の動物にか
まれた場合、破傷風の予防が必要に
なる。

出血が止まる仕組み　傷が治る仕組み

　切り傷や擦り傷などは、傷口を水道水で洗い流し、出血がある場合は清潔なガーゼなどで押さえて止血します。傷口が浅い場合は、自然に治ります。

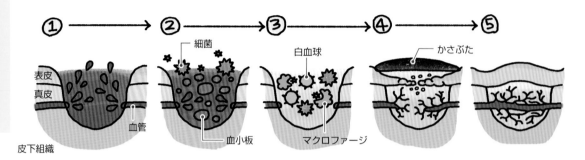

①　転んで出血します。

②　血管が切れて出血すると、血小板が働き、出血を止めます。

③　白血球の中のマクロファージという細胞を含む体液が出て、傷口についたゴミや細菌をきれいにします。

④　体液が乾いてかさぶたができます。かさぶたの下では切れた毛細血管がつながって栄養が運ばれ、新しい表皮がつくられて傷がふさがります。

⑤　かさぶたが取れた後も、表皮の下では組織が修復され、安定していきます。

注意が必要な創傷

　けがをした時には、傷の状況をよく見て、下記の場合は病院を受診しましょう。

受診が必要な創傷

1. 5分間圧迫しても出血が止まらない

2. 傷が深く、黄色い脂肪、赤い筋肉または白い腱（けん）が傷口から見える時

3. 傷口が2cm以上

4. 感染の危険性が高い

5. 異物が入っている

6. 顔・頭のけが（皮膚が薄いため）

7. 開放性骨折（傷口から骨が突き出ている）

8. 破損したガラスや異物が刺さっている

※傷口がないけがでも強い外力がかかると、体の内部で出血が起こっている場合があるので注意が必要です。

注意が必要な出血の覚え方

　大量出血などの際に緊急性を判断するための症状、蒼白（そうはく）、冷汗、虚脱、脈拍が弱い、呼吸不全の頭文字をとって「それきみこ」と覚えます。

現場での判断は難しいのですが、受傷転機などとあわせて「それきみこ」のうちのどれかひとつでも当てはまれば、119番通報（の準備）をします。

そ　蒼白　顔面蒼白

れ　冷汗　冷や汗・皮膚を触ると冷たく湿っている
※冷感＝体表の血流が減少し、体温を感じない。

き　虚脱　ぐったりしている・受け答えが弱々しい

み　脈拍が弱く速くなる　脈拍を取ろうとしてもなかなか取れない・感じられない（血圧が下がり、脈拍数が増える）

こ　呼吸不全　呼吸が浅く速くなる・なんとなく苦しそうに見える

スポーツでよく起こるけが

　骨折、捻挫、突き指、脱臼などの外傷は、スポーツ中に起こりやすいけがです。応急手当の基本はPRICE処置です。

骨折

骨が折れることです。完全に折れる完全骨折だけではなく、骨が剥がされる剥離骨折、骨の片側がつながって湾曲している若木骨折、骨端線（成長軟骨帯）がずれている骨端線離開などの不完全骨折もあります。また、骨が皮膚を突き破る開放骨折は感染の可能性があるため、注意が必要となります。

捻挫

関節を支える靭帯や関節包が外力によって損傷を受けた状態です。靭帯の損傷の程度により軽度（靭帯がわずかに伸びた状態）中等度（靭帯が一部切れた状態）重度（靭帯が完全に切れた状態）に分類されます。

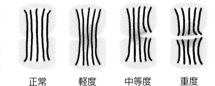

正常　　軽度　　中等度　　重度

完全骨折　　剥離骨折

若木骨折　　開放骨折

突き指

指の関節に起こる捻挫です。単なる関節の捻挫や打撲の時もありますが、腱断裂や骨折を伴うこともあります。

脱臼

転倒や接触、着地の際に、強い力が加わることで、関節を構成する骨同士の位置関係が壊れ、損傷した状態です。

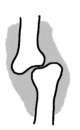　

亜脱臼　　　　　脱臼

スポーツでよく起こる筋肉のけが

スポーツでよく起こる筋肉のけがは以下の通りです。

①こむら返り（有痛性筋けいれん・腓腹筋けいれん）

神経の異常興奮や脱水、電解質異常などにより、腓腹筋（ふくらはぎ）が自分の意思とは無関係に収縮し、痛みを発します。

②肉離れ

筋肉が引き伸ばされると同時に収縮することで、筋肉に強い負荷がかかり、筋肉の一部が断裂した状態です。

③筋・腱断裂

急激に過伸展が起きることにより、筋線維や腱に断裂や損傷が生じることです。

④筋挫傷

直接外力（接触など）によって強い打撲を受けることにより、筋肉が損傷し内出血が生じることです。

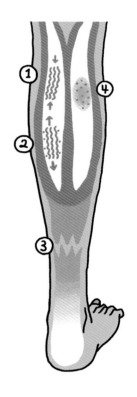

①こむら返り

②肉離れ

③筋・腱断裂

④筋挫傷

アイシングに適した氷の温度

　固体から液体に変わる時（融解熱）と、液体から気体に変わる時（気化熱）に、周囲の熱を奪います。0℃は水（液体）と氷（固体）のちょうど境目で、すぐに融解が始まるので冷却に適しています。

　一般家庭にある冷凍庫の温度は、マイナス15℃～20℃の間で設定されています。冷凍庫の氷をそのまま使うと、温度が低過ぎて凍傷のリスクが高まります。全体的にぬれて、ツルツルとした肌触りになった時が使用の目安になります。冷凍庫から出した氷をすぐに使用する場合は、水を足しましょう。

**いちばん効果的に
受傷した部位を冷やせる温度は0℃前後**

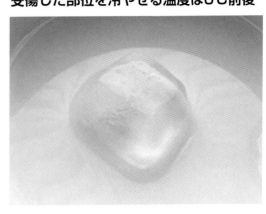

けがをした時の生活

　捻挫や打撲などの外傷時には、細胞の膜が破れたり、毛細血管が切れて、血液や細胞液が周囲に漏れ出たりしています。これらを最小限に食い止めることが、早期回復に大きく影響します。そして何よりも、睡眠と栄養をしっかりとることが早期回復につながります。

安静

登下校などの移動時は患部を固定する

アイシング

痛みが続く時はアイシングを行い、授業中もできるだけアイシングを繰り返す

圧迫

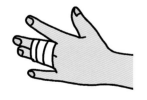

軽く圧迫する

挙上

寝る時や学校生活中も患部をできる限り挙上する

・入浴はシャワー程度に

・栄養と睡眠をしっかりとる

STEP **3** やってみよう

やってみよう **大量出血の目安**

Point
・自分の血液量をペットボトルで確認し、出血性
ショックを起こす出血量の目安を確認してみよう

❶ 準備するもの

☐ 2Lペットボトル

☐ 500mLペットボトル

☐ 水を血の色に染める赤い絵の具など

☐ いらなくなったタオルやシャツ

❷ 血液量を計算します。

●自分の血液の量（A）
式：体重（Kg）×0.08＝A

●出血性ショックを起こす血液量の目安（B）
式：自分の血液量×0.2＝B

> 人の血液は体重のおおよそ8％（A）です。全
> 血液量の約20％以上（B）が短時間で失われる
> と出血性ショックとなり、さらに30％以上の出
> 血で生命の危険があるといわれます。

❸ （A）の計算で出た自分の血液量をペットボトルで作ります。

水に絵の具を混ぜて、血液に
近い色を作ります。

自分の全血液量のモデルので
きあがりです。（体重50kgの
人の例）

体重別の目安
40kg：3.2L　50kg：4L　60kg：4.8L

> この量がおおよその全血液量で、全身に酸
> 素や栄養分を運んでいます。心臓が1回に
> 送り出す量は、約70〜80mLです。

❹ （B）の計算で出た血液量を確かめます。

タオルにしみ込ませてみます。

衣服にしみ込ませてみます。

> 実際の血液の質感とは
> 違いますが、大出血を
> 起こした人の衣服やタ
> オルについた血液の様
> 子を視覚化でき、危険
> な出血量を判断する目
> 安になります。

体重別の目安
40kg：640mL　50kg：800mL　60kg：960mL

調べてみよう 出血性ショック

やってみよう 静脈の圧迫

Point
・手の甲の表面を流れる静脈を観察し静脈血の流れを見てみよう
・Elevation（拳上）や止血の必要性の理解につなげよう

❶ 静脈を観察します。

30秒後

右手を心臓より高く上げ、左手を心臓より低くして30秒キープします。

重力の影響で、上げていた方の手の血管は、血流量が減り、血管がしぼんでいるのが観察できます。

重力の影響で、下げていた方の手の血管は、血流が滞り、血管が膨らんでいるのが観察できます。

> PRICE処置のElevationをする理由がここからわかります。

❷ 静脈血の流れを観察します。

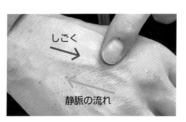

しごく

静脈の流れ

胸の高さで手の甲を上にして、血管を末端の方向に向かってせき止めながらしごいてみます。

ゆっくりしごいていくと、心臓側へ戻っていく静脈の血流が走っているのを観察することができます。

> 血管が見えづらい人は友だちに見せてもらいましょう。

> 心臓から末端に向かうのが動脈で、末端から心臓に向かう流れが静脈です。

❸ 挙上による血流の変化を観察します。

30秒後

右手を心臓より高く上げ、左手を心臓より低くして30秒キープします。

両手のひらを見比べると、上げていた方の手は血流が悪く、白っぽくなり、下げていた方の手は血色がよく赤っぽく見えます。

> PRICE処置のElevationをする理由がここからもわかります。

調べてみよう

ミルキングアクション・
静脈弁

STEP
3
やってみよう

やってみよう **間接圧迫法**

Point
・動脈に触れられる2か所の止血点を押さえて、間接圧迫止血法の仕組みを体験しよう

❶ AさんはBさんの橈骨動脈（とうこつ）
（手首の親指側）で脈をとります。

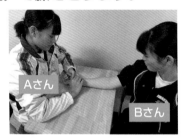

脈を感じる

Aさん

Bさん

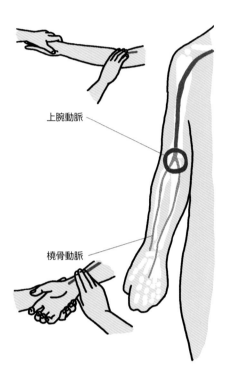

上腕動脈

橈骨動脈

❷ Bさんは自分の上腕動脈で脈をとります。

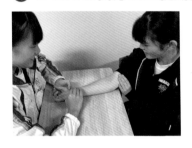

脈を感じる

❸ Bさんは上腕動脈を圧迫したり緩めたりするのを3秒ごとに繰り返し、
Aさんの脈の感じ方を確認します。

あっ！
押さえた時
脈を感じなくなる！

押さえるよ！
離すよ！

直接圧迫法で止まらない時の間接圧迫法の仕組み

脈を感じる　←　血流が心臓の拍動を伝える

脈を感じない　←　血流が遮断される

止血点を押さえる

止血点

(Point)
・全身の止血点を触って動脈の拍動を感じてみよう
・止血点に触れられるようになり、直接圧迫止血法で止まらなかった
　場合に行う間接圧迫止血法のポイントを押さえよう

❶ **全身の止血点を探して脈に触れてみます。**

自分で		他人を	

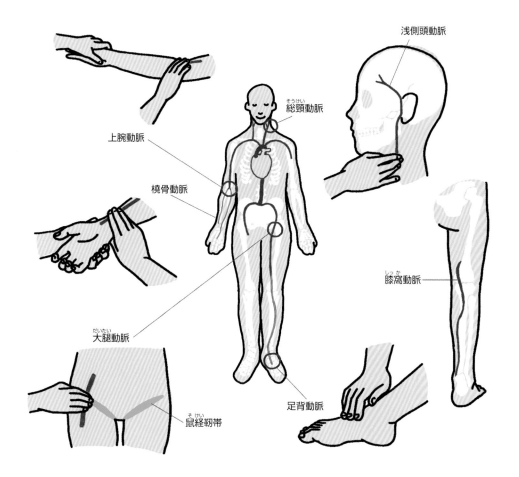

浅側頭動脈
総頸動脈
上腕動脈
橈骨動脈
膝窩動脈
大腿動脈
鼠経靭帯
足背動脈

止血点を確認する場合は、ふざけて強く押さえたり、長く押さえたりしないようにしましょう。
実際に応急手当を行うときは、必ず手袋を使用しましょう。

STEP **3** やってみよう

やってみよう 搬送方法

Point
・十分な資材が整っていない場所で、傷病者を安全な場所に搬送する方法を、身の回りのもので探してみよう

❶ 身近にある搬送用具、またはそれに代わる安全に運べるものを探して搬送します。

車椅子を使います。　　　　キャスターのついた椅子を使います。　　　荷物運搬の台車を使います。

❷ 複数の人がいる場合は、担架や長机などを使用して搬送します。

担架を使って（4人以上）　　　長机やベンチを使って（4人以上で）　　　毛布を使って（6人以上で）

  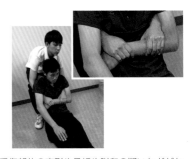

上げるよ！
いち・に〜のさん

長机を使う時は机の脚に手を挟んだり、机の脚が開いたりしないように注意します。

下ろすよ！
最後まで手を離さないで

❸ 一人で安全な場所に移動させる必要がある場合は体をしっかり支えます。
（骨折や脱臼がなく意識がある場合）

※これらの搬送法は、脊椎損傷や意識障害など重症例の場合はできません。意識があり、受傷部位の変形や骨折や脱臼の疑いなどがない四肢のけがの時に行います。

やってみよう アイシング

Point
・アイシングを体験してみよう
・自分の体にどんな変化が起こるかを体験してみよう

❶ アイスパックを作ります。（製氷機の氷とビニール袋の場合）

氷を平らに並べて、余分な空気を抜きます。

アイスパックのできあがりです。

> いろんなアイシング方法を試してみましょう。冷凍庫の氷（0℃以下）や保冷剤は温度が低過ぎるため、凍傷を起こす可能性があります。直接使わずに水を足したりタオルにくるんだりして利用しましょう。

❷ アイシングする部位をつねってみて、アイシング前の感覚を確認します。

Before
痛っ！

❸ ラップや包帯などの身近にあるもので、少し圧迫しながらアイスパックを固定します。

アイシングしながら圧迫します。

❹ アイシング中の感覚を確認します。

> アイシングを始めると、冷たい⇒冷たくて痛い⇒温かく感じる⇒チクチク・ピリピリしてくる⇒何も感じない（麻痺）と感覚が変わっていきます。

アイシンググッズを調達する方法を出し合う

・牛乳パックや紙コップで水を凍らせる
・皆でペットボトルを1本ずつ凍らせて持ってくる
・衣装ケースでアイスバスができる

❺ おおよそ15分〜20分後に❷と同じようにつねってみて、アイシング後の感覚を確認します。

After
痛くない！

> 実際は、感覚がなくなったらアイシングを終了。その後は、アイシングをしていない側と同じ温度に戻ったら再びアイシングを行い、これを繰り返します。

STEP **3** やってみよう

やってみよう 固定方法

Point
・身近にあるもので工夫して患部を固定してみよう

❶ 準備するもの

- ☐ 雑誌・段ボールなどの大きな関節を固定できそうなもの
- ☐ 鉛筆・割り箸・定規などの指を固定できそうなもの
- ☐ テーピングや包帯、ガムテープなど固定するためのもの
- ☐ 大きめのレジ袋

> 痛めた部位や関節を安静にすることが大切です。実際の応急処置では受傷者に「大丈夫？痛くない？」など確認しながらいちばん楽な場所で固定してあげましょう。

❷ 身近にあるものを使って患部を固定します。

雑誌・段ボールを使って

前腕の固定

割り箸やペンを使って固定

指の固定

段ボールなどで筒を作って指を通して固定

足の固定

指の固定

ビニール袋や風呂敷、ネクタイなどで三角巾代わりに

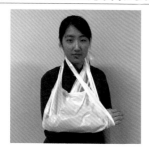

①片側をカットする

②カットした側に頭を通して腕を通す

③完成

SCHOOL SPORTS SAFETY

目のけが

目のけが の対応のポイント

目のけがは同時に脳振盪（のうしんとう）を起こしている可能性もあります
脳振盪（のうしんとう）の症状や徴候がないかをまずチェックしましょう

➡ ## 傷の処置をしながら症状を確認する

自分でわかる症状

- 見えない
- 目が開けられない
- ぼやける
- ものが二重に見える
- 糸くずのようなものが見える
  など

他人がわかる徴候

- 目に出血がある
- 目の周りが変形している
- 目の動きに左右差がある
- 黒目（瞳孔）の大きさに
  左右差がある
  など

上記の症状があった場合は眼科を受診しましょう

処置 のポイント

| 鼻をかまない | 清潔なガーゼで保護 | 光の刺激を減らす | 流水で洗う | 安静にする |

時間がたって上記症状が現れた場合もすぐに眼科を受診しましょう

監修　スポーツパフォーマンス稲門会スポーツセーフティワーキンググループ

目のけが

　目のけがの発生状況を種目別に見ると、圧倒的に球技が多く、野球、テニス、バスケットボールの順になっています。

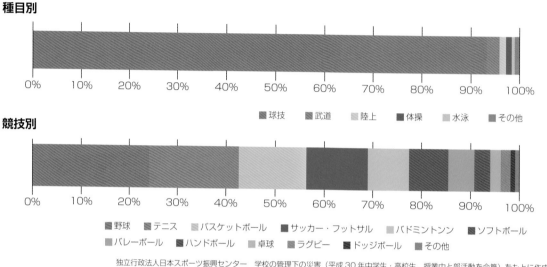

種目別

0%　10%　20%　30%　40%　50%　60%　70%　80%　90%　100%

■ 球技　■ 武道　□ 陸上　■ 体操　■ 水泳　■ その他

競技別

0%　10%　20%　30%　40%　50%　60%　70%　80%　90%　100%

■ 野球　■ テニス　□ バスケットボール　■ サッカー・フットサル　□ バドミントンン　■ ソフトボール
■ バレーボール　■ ハンドボール　■ 卓球　■ ラグビー　■ ドッジボール　■ その他

独立行政法人日本スポーツ振興センター　学校の管理下の災害（平成30年中学生・高校生、授業中と部活動を合算）をもとに作成

目の構造

　目という器官は単体で「もの」が見えているわけではなく、情報を収集するための器官です。目から入った光などの情報は、視神経を通って脳に伝達されることで、「もの」を視覚的に認識します。この目と脳の構造は、カメラとモニターのような関係であり、スポーツパフォーマンスにおいても目のコンディションは非常に重要です。

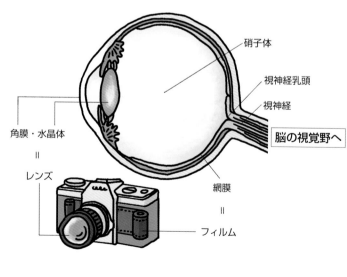

硝子体

視神経乳頭

視神経

脳の視覚野へ

角膜・水晶体
＝
レンズ

網膜
＝
フィルム

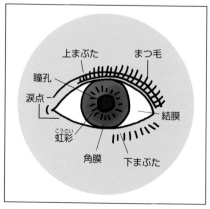

上まぶた　　まつ毛

瞳孔

涙点

結膜

虹彩（こうさい）

角膜　　下まぶた

目の打撲の注意点

　目の打撲は受診が原則です。網膜が傷つくことで視力が低下したり（網膜剥離）、目の下の骨は薄く弱いために骨折（眼窩底骨折）を起こしたりします。

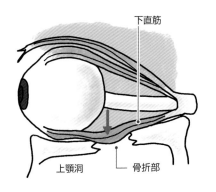

下直筋

上顎洞　　骨折部

眼窩底骨折

　眼球を支えている薄い骨（眼窩底）の骨折により、眼窩内容物が下方に落ち込んでしまい、下直筋の運動に制限が出ます。このため下を見る動きが弱くなります。

　ボールによる打撲の場合、硬球より軟球の方が目への損傷が大きくなります。硬球の場合は硬いので目の縁の骨で止まります。一方、軟球は軟らかいので目の中に入り込み、眼球を押しつぶしてしまうためです。

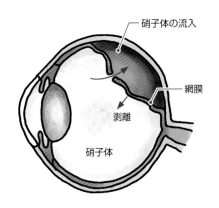

硝子体の流入

網膜

剥離

硝子体

網膜剥離

　網膜剥離は眼球の内側にある網膜（カメラでいうフィルムの役目）が剥がれることによって視力が低下する病気です。外傷性の網膜剥離は網膜が衝撃で裂け、液化した硝子体が網膜下に入ることで起きます。網膜剥離は痛みがなく、初期や剥離が小さい場合は気がつかないことがあります。また、受傷後しばらくしてから症状が現れることもあります。視野内を点や線が移動し、虫が飛んでいるように見える「飛蚊症」や網膜の一部が剥がれることで、視野の一部が見えなくなる「視野欠損」の症状に注意しましょう。

以下の症状があるときは眼窩底骨折や網膜剥離が疑われるため急いで受診します。

● 打撲時に鼻血が出た

● 10分以上たってもものがぼやけて見える

● ものが二重に見える

● 見える範囲が狭い

● 瞳孔の反応が左右で違う

● 目の奥が痛い

眼窩底骨折や網膜剥離は受傷後時間が経過してから症状が現れることもあるので、観察を継続します。

目のけがの処置で気をつけること

打撲時は、異物が入っていれば洗い流し、清潔なガーゼで保護して受診します。

泥や砂が入っている場合

泥や砂が入っている時は弱い水流の水道で素早く洗い流しましょう。

眼窩の骨折が疑われる場合

強く鼻をかむと、骨折部を通って眼窩内に空気が逆流します。眼窩内に空気が迷入すると、眼球運動障害を悪化させたり、感染させたりすることもあります。目の周りをぶつけた場合は鼻をかまないようにしましょう。

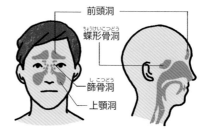

前頭洞
ちょうけいこつどう
蝶形骨洞
し こつどう
篩骨洞
上顎洞

目を保護する

目の運動に関わる筋肉は左右一緒に動きます。可能であれば両目をガーゼなどで保護してから、受診しましょう。光の刺激など目の運動が起こらないように暗い環境がよいでしょう。また、痛みや腫れに対しては冷やす処置を行いますが、目は繊細な器官なので、強く圧迫したり、冷やし過ぎたりしないように注意しましょう。

やってみよう 目の観察

Point
・自分の目を観察してみよう
・繊細な目の動きを観察してみよう

❶ 目の組織1〜8を観察して理解します。

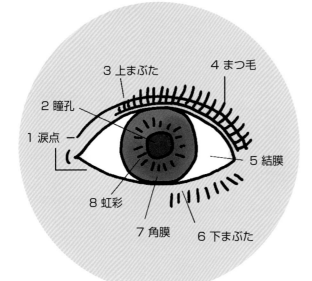

3 上まぶた
4 まつ毛
2 瞳孔
1 涙点
5 結膜
8 虹彩
7 角膜
6 下まぶた

手を清潔にしてから、明るい場所で観察しましょう。

❷ 目の虹彩の働きを観察します。

暗い場所では光をたくさん取り入れようと虹彩が伸びます。明るい所では光の量を調整するため虹彩が縮むので、瞳孔の大きさが変わったように見えます。

あっ！明るくなった瞬間瞳孔が小さくなった！

やってみよう 視野の確認

Point
・けがをした時の異変に気づけるように、視野の状態と利き目を確認しよう

❶ 自分の上下・左右の視野を確認します。

上はまだ見えないな

下はここで見える

両目で見た時と片目で見た時も調べてみよう！

上下の視野は約120度、左右の視野は両目の場合約200度といわれています。

まっすぐ前を見て、人差し指を上下（左右）に広げた位置から、目の前にゆっくり近づけます。視界に入ってきたところで視野角度を測ります。

❷ 両目で見えていることの重要性を確認します。

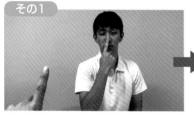
その1

これは深視野の能力といいます。両目のバランスがとても重要になります。目のけがは機能を失う可能性があるので特に注意が必要です。

片目をつぶり、自分の鼻を人差し指でタッチします。

人差し指を、自分の鼻からパートナーの指先に動かしてタッチします。

両目だとスムーズなのに片目だと奥行きがわかりづらいな

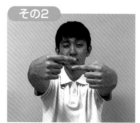
その2

片目をつぶり、手を開いたところからゆっくりと指先を合わせます。

❸ 自分の利き目を確認します。

あっ、右目だけで見たら三角の中のものが見えない！

両目で見て、三角に目標物が入るようにします。

両目で見て、三角をぎりぎりまで小さくします。

ここで片目ずつ見た時に、目標物がずれなかった方が利き目です。

SCHOOL SPORTS SAFETY

歯のけが

歯のけがは同時に脳振盪（のうしんとう）を起こしている可能性もあります
脳振盪（のうしんとう）の症状や徴候がないかをまずチェックしましょう

歯肉から出血・歯がぐらぐらする時の対応のポイント

- **傷の処置**
- **止血処置**
- **アイシング**

滅菌ガーゼで直接押さえる

氷をなめたり当てたりする

歯が抜けたり欠けたりした時の対応のポイント

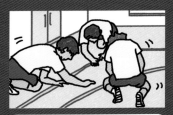

折れた歯や欠けた歯は探す

見つけた歯の根元は絶対に
触らないで保存液へ

口の中を清潔にする

歯を乾燥・感染させないようにすることが大切

保存のポイント　以下のうちで、いずれか可能な方法で保存する

保存液で保存

受傷者が卵アレルギー
でなければ卵白で保存

受傷者が牛乳アレルギー
でなければ牛乳で保存

かかりつけの歯科医をできるだけ早く受診しましょう

監修　スポーツパフォーマンス稲門会スポーツセーフティワーキンググループ

歯のけが

　歯のけがの発生状況を見ると、目のけがと同じように球技が圧倒的に多く、バスケットボールなどの接触の多いスポーツで見られます。

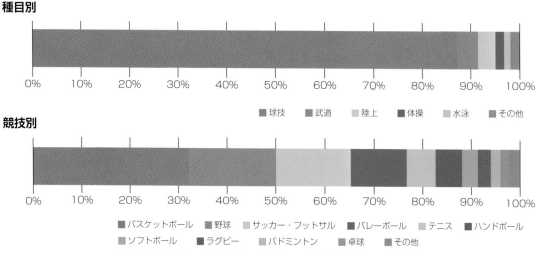

種目別

■ 球技　■ 武道　■ 陸上　■ 体操　■ 水泳　■ その他

競技別

■ バスケットボール　■ 野球　■ サッカー・フットサル　■ バレーボール　■ テニス　■ ハンドボール
■ ソフトボール　■ ラグビー　■ バドミントン　■ 卓球　■ その他

独立行政法人日本スポーツ振興センター　学校の管理下の災害（平成 30 年中学生・高校生、授業中と部活動を合算）をもとに作成

歯の仕組み

　歯は食べ物をかみ砕いたり、すりつぶしたりする役割があり、永久歯は親知らずを含めて全部で32本あります。切歯、犬歯、小臼歯は乳歯から永久歯に生えかわりますが、大臼歯は生えかわることはありません。

永久歯

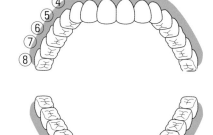

切歯　食べ物をかみ切る

① **中切歯**　平べったくて大きく、根は円形
② **側切歯**　中切歯とよく似た平べったい歯

犬歯　食べ物を切り裂く

③ **犬歯**　先がとがっていて、顎の動きの基本になる

臼歯　食べ物をすりつぶす

④ **第一小臼歯**　上の第一小臼歯は下顎固定に重要な歯
⑤ **第二小臼歯**　かみ合わせの安定を保つ歯といわれている
⑥ **第一大臼歯**　食べものをかむために最も重要な歯
⑦ **第二大臼歯**　上下とも12歳前後に生えてくる歯
⑧ **第三大臼歯**　生える時期や生え方に個人差がある歯（親知らず）

歯の構造

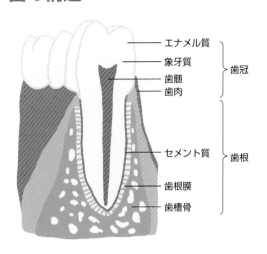

エナメル質
象牙質
歯髄
歯肉
｝歯冠

セメント質
歯根膜
歯槽骨
｝歯根

歯には食べること
以外にも役割がある

● 発音を助ける

● 表情をつくる

● 体の姿勢やバランスを保つ

● ものをかむことで、脳に刺激を与える

歯のけがの処置で気をつけること

　よく起こる歯のけがは脱臼と破折です。抜けたり欠けたりした歯は、乾燥・感染させないことが大切です。「歯・口のけが」は歯だけが損傷することは少なく、歯肉や舌などの口腔内、顎や鼻などの顔の状態を丁寧に観察することが重要です。

脱臼（亜脱臼）

小学生などの年齢が低い場合は、骨に弾力があるので、歯が折れずに抜けることが多く見られます。脱臼は、歯の破折に比べて出血することが多く見られます。

破折

破折は歯冠部と歯根部に分けられます。歯髄（歯の神経）が露出している場合は、歯髄炎を起こすこともあります。

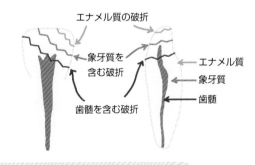

エナメル質の破折
象牙質を
含む破折
歯髄を含む破折
エナメル質
象牙質
歯髄

歯根膜

歯根部には、歯と骨をつなぐ大切な膜（歯根膜）があります。歯を再植する際にはこの歯根膜細胞が重要となるため、歯根には触らず、乾燥させないようにして、速やかに（可能な限り30分以内）受診します。

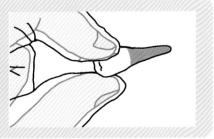

STEP 3 やってみよう

やって
みよう **口・歯・顎の観察**

Point
・けがをした時に違いがわかるように、
　普段の口の中や歯、顎の状態を観察し
　てみよう

❶ **図を参照し、自分の歯を観察します。**

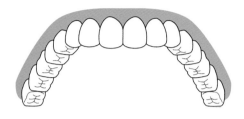

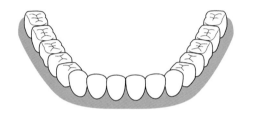

歯は全部で32本あります（親知らずを含む）。歯
のけがは、かむという機能だけではなく言葉の発
音にも影響します。

❷ **かむ動作を確認します。**

あれ？　口が
開けられない

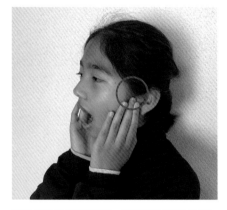

頭を動かさずに、下顎を押さえて口を開けて
みます。

耳の前に手を当てて、口を開けてみます。

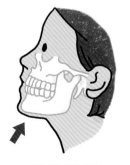

口を閉じている時

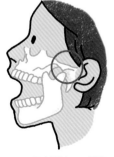

口を開けている時

SCHOOL SPORTS SAFETY

スポーツ活動中の**熱中症**

熱中症の特徴的な症状

めまい
たちくらみ
多量の発汗

倦怠感
脱力感

吐き気
嘔吐
下痢

頭痛
不安定な感情

心拍数の増加

血圧の低下

筋肉のけいれん

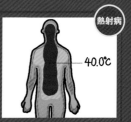

熱射病

40.0℃

高体温
意識障害

対応のポイント

＊救急車を呼んだ後も待ちながら冷却を！

熱失神や熱疲労の場合は、エアコンの効いた涼しい部屋へ運び、衣服を緩めて、足を高くして寝かせる。全身のできるだけ広い体表面を氷のうや凍ったもので冷やし、体温を下げる。全身をぬれた冷たいタオルで冷やしながら風を送る。経口補水が可能な場合はナトリウムが入った水分を補給させる。

屋外施設などで冷却する道具がない場合は、図のように冷たい水道水を全身にかけて冷却する。扇風機がない場合は周囲の人がタオルや下敷きなどであおぎ風を送る。経口補水が可能な場合はナトリウムが入った水分を補給させる。

Good

氷と全身がつかれるプールや容器がある場合は、傷病者がおぼれないように補助しながら氷水につける。経口補水が可能な場合はナトリウムが入った水分を補給させる。

熱射病の場合は冷却効率が最も高いアイスバスを利用する

バイタルサインを確認しながら、症状が改善するまで冷やしましょう

監修　スポーツパフォーマンス稲門会スポーツセーフティワーキンググループ

SCHOOL SPORTS SAFETY

熱中症の予防

自分で予防

規則正しい生活

睡眠不足は熱中症のリスクを高めます。

水分補給

特に練習前の水分補給は忘れがちです。
必ず練習前も水分補給しましょう。

チームで予防

健康観察

体調・睡眠・食事のチェックを活動前に実施しましょう。

WBGT（暑さ指数）の計測

休憩時間ごとに一度計測し、その状況に応じて休憩や練習量を決めましょう。

暑熱順化

梅雨明けなど、急に気温が上がる前までに、2週間かけて暑さに慣れる期間をつくりましょう。

計画的な休憩

WBGT（暑さ指数）や練習量にあわせて涼しい場所で休憩しましょう。

下の3つのうち2つ以上が当てはまると脱水である可能性が高い

尿の色チェック

チャートの1〜3の色が好ましい
1より薄い色は水ばかり
飲み過ぎている証拠

体重チェック

減量が2％以上の場合は水分補給不足
練習前より増量の場合は水分過多

喉の渇き

喉が渇いたと感じた時はすでに
脱水が始まっている

熱中症は多くの要因が重なって起こっています
総合的にリスクを考えることが大切です

監修　スポーツパフォーマンス稲門会スポーツセーフティワーキンググループ

熱中症事故の発生状況

　熱中症で病院にかかった子どもの人数は増加傾向にあります。熱中症は屋外だけではなく、室内でも起こります。

熱中症死亡数の年次推移（1968～2018年）

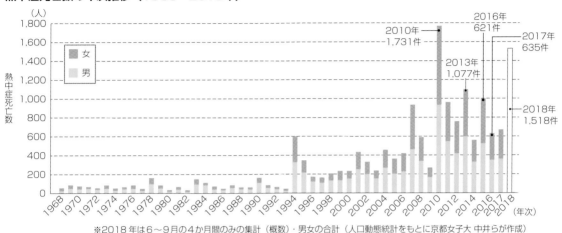

2010年
1,731件

2016年
621件

2017年
635件

2013年
1,077件

2018年
1,518件

※2018年は6～9月の4か月間のみの集計（概数）・男女の合計（人口動態統計をもとに京都女子大 中井らが作成）

医療者のための熱中症対策 Q&A

学校の管理下における熱中症死亡例の発生件数　場合別・スポーツ種目別発生傾向（昭和50～平成29年）

部活動の場合

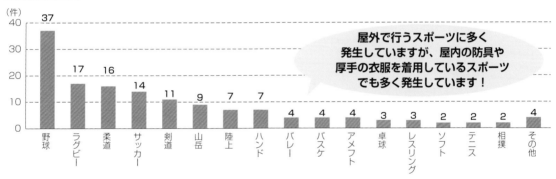

屋外で行うスポーツに多く発生していますが、屋内の防具や厚手の衣服を着用しているスポーツでも多く発生しています！

独立行政法人日本スポーツ振興センター　学校の管理下の災害をもとに作成

こんな時は要注意

梅雨明け
急に気温が上昇した時
久しぶりの運動時
定期試験明け
長期休業明け
けがから復帰後

こんな人は要注意

肥満傾向の人
体力のない人
持病がある人
運動習慣のない人
暑さに慣れていない人
体調不良の人
睡眠不足の人

こんな運動は要注意

ランニング
計画性のない運動（罰走など）
防具などを着用する競技
換気の悪い室内競技

汗で塩分を失いやすい
体質の人も注意

熱中症のメカニズム

　熱中症は、気温や湿度が高い環境で、体内の水分や塩分のバランスが崩れ、体温調節機能がうまく働かず、体内に熱がこもることで起こります。

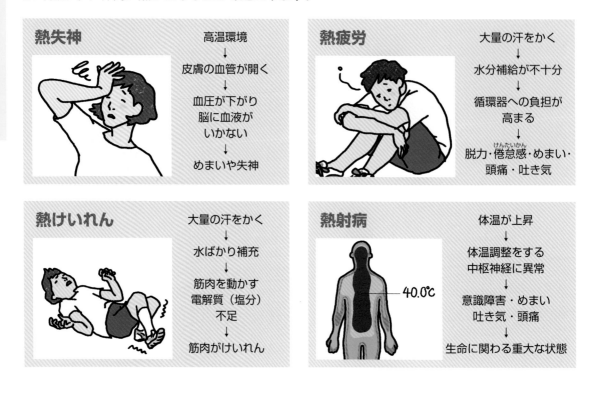

熱失神

高温環境
↓
皮膚の血管が開く
↓
血圧が下がり
脳に血液が
いかない
↓
めまいや失神

熱疲労

大量の汗をかく
↓
水分補給が不十分
↓
循環器への負担が
高まる
↓
脱力・倦怠感（けんたいかん）・めまい・
頭痛・吐き気

熱けいれん

大量の汗をかく
↓
水ばかり補充
↓
筋肉を動かす
電解質（塩分）
不足
↓
筋肉がけいれん

熱射病

体温が上昇
↓
体温調整をする
中枢神経に異常
↓
意識障害・めまい
吐き気・頭痛
↓
生命に関わる重大な状態

40.0℃

汗が体温を下げる仕組み

　体の表面の水分（汗）が蒸発する時の気化熱が体内の熱を奪うため、体温が下がります。さらに、湿度が低く風があると、体内の熱を効率よく放散することができます。

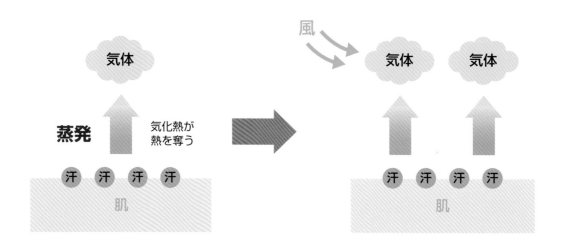

気体

風

気体　気体

蒸発

気化熱が
熱を奪う

汗　汗　汗　汗

汗　汗　汗　汗

肌

肌

暑熱順化とは

　暑熱順化とは、徐々に体を暑さに順応・適応させることをいいます。

　急に気温が上がる梅雨明けなどの季節の変わり目や、エアコンなどを使って汗をかかない生活（長期休みやテスト期間明けなど）をしている人は、汗を出す働きが悪くなって、体の一部の汗腺（汗を出す場所）しか働かず、体に必要なミネラルまで汗と一緒に出ていくベタベタした汗をかきます。発汗がうまくいかないと熱が放散できないため熱中症のリスクが高まります。

　暑熱順化のために、気温が上がる7〜10日前から徐々に暑さに慣らしていくトレーニング期間（右図参照）を設けます。そうすることで以下の変化が起こり、熱中症になりにくい体をつくることができます。

①汗のかき始めが早くなる
②同じ体温でかく汗の量が多くなる

暑熱順化で起こる体の変化
・安静時の深部体温の低下
・発汗開始時の早期化
・皮膚血流量の増加
・熱放散能力の向上
・血漿量の増加
・最大酸素摂取量の増加

いちばん体温が下がる方法は？

　熱射病が疑われる場合には躊躇せず、身体冷却を行います。熱射病の救命は、いかに早く（約30分以内に）体温を下げることができるかにかかっています。

浸漬冷却　　＞　　全身をぬらす　＞ アイスタオル＋送風

WBGTってなに？

　暑さ指数（WBGT：湿球黒球温度）とは、気温、湿度、輻射熱（地面や建物などから遠赤外線によって直接伝わる熱）の３つを取り入れた温度の指標です。熱中症の危険度を判断する数値として使われています。暑さ指数（WBGT）は乾球温度計、湿球温度計、黒球温度計＋（気流）を使って計算されます。

計算方法

屋外：暑さ指数＝（0.7×湿球温度）＋（0.2×黒球温度）＋（0.1×乾球温度）

屋内：暑さ指数＝（0.7×湿球温度）＋（0.3×黒球温度）

運動に関する指針

WBGTが28℃を超えると熱中症発生率が上がる

気温（参考）	湿球温度	暑さ指数（WBGT）		熱中症予防運動指針
35℃以上	27℃以上	31℃以上	運動は原則中止	特別の場合以外は運動を中止する。特に子どもの場合には中止すべき。
31～35℃	24～27℃	28～31℃	厳重警戒（激しい運動は中止）	熱中症の危険性が高いので、激しい運動や持久走など体温が上昇しやすい運動は避ける。10～20分おきに休憩をとり、水分・塩分の補給を行う。暑さに弱い人は運動を軽減または中止。
28～31℃	21～24℃	25～28℃	警戒（積極的に休憩）	熱中症の危険が増すので、積極的に休憩をとり、適宜水分・塩分を補給する。激しい運動では、30分おきくらいに休憩をとる。
24～28℃	18～21℃	21～25℃	注意（積極的に水分補給）	熱中症による死亡事故が発生する可能性がある。熱中症の兆候に注意するとともに、運動の合間に積極的に水分・塩分を補給する。
24℃未満	18℃未満	21℃未満	ほぼ安全（適宜水分補給）	通常は熱中症の危険は少ないが、適宜水分・塩分の補給は必要である。市民マラソンなどでは、この条件でも熱中症が発生するので注意。

出典：公益財団法人　日本スポーツ協会「スポーツ活動中の熱中症予防ガイドブック」（2019）

尿の色でチェック

　運動前や運動中、運動後の尿の色の観察をすることにより、脱水状態の確認ができます。水分補給のコントロールの目安として、体重チェックや喉の渇きの自覚症状とあわせて、体の水分状態を確認する手段となります。食事や内服薬によって尿の色に影響が出ることもあります。

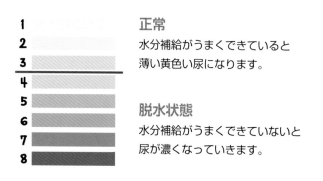

正常
水分補給がうまくできていると薄い黄色い尿になります。

脱水状態
水分補給がうまくできていないと尿が濃くなっていきます。

浸透圧

細胞の膜には浸透圧といって、膜の内側と外側で濃度を一定にしようとする働きがあります。（イラスト参照）私たちの生活の身近なところでも、浸透圧の仕組みを利用した工夫があることが見つけられます。

人の体でも小腸の細胞内と小腸の腸管内で濃度を一定にしようという働きがあるため、その仕組みを利用してスポーツドリンクの濃度（濃い薄い）を変えて効率のよい水分補給をすることができます。

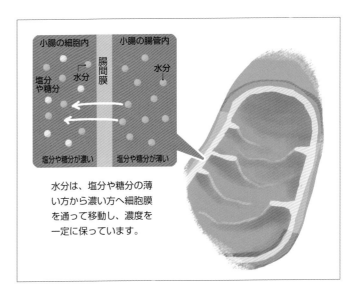

水分は、塩分や糖分の薄い方から濃い方へ細胞膜を通って移動し、濃度を一定に保っています。

浸透圧が関係している現象

ナメクジに塩をかけると、細胞膜の外側の塩分濃度が濃くなるため、細胞内の水分が外に出て、ナメクジが小さくなります。

きゅうりに塩をかけると、細胞の外側の塩分濃度が濃くなるため、水分が外に出てきます。

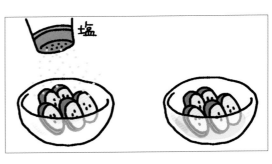

やってみよう アイスバス

Point
・暑熱環境下でのクーリング法を体験してみよう

❶ 準備するもの

- ☐ アイスバス（子ども用プールや大きなたらいなど）
- ☐ 水場の確保
- ☐ ブルーシート
- ☐ 氷

❷ 水をはったプールに傷病者をゆっくり入れます。

意識レベルが低いこともあるから、おぼれないようにわきを抱えて

緊急時の冷却は全身を冷やすことが大切なので、全身がつかるようにしましょう。氷を追加するなどして、水の温度を積極的に下げて冷却しましょう。実際の応急処置時は意識がなくなることも考えられるため、STEP 1のポスターのようにわきをタオルで抱え、おぼれないようにしっかり観察しながら付き添います。

冷たーい

❸ ブルーシートを活用してアイスバスの代わりにします。

手順：シートの上に傷病者役を寝かせる→四隅を持ち上げて、水がたまるようにする→
　　　流水をかけて水をためたら、氷を入れる

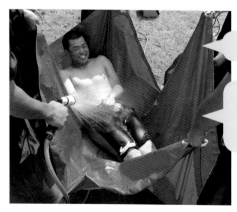

氷を追加しよう

ブルーシートなら、移動時も持ち運びは楽だね

氷が確保できない場合は、水道水をかけながら冷却します。

 **水分補給**

Point
・スポーツドリンクの成分を調べ、運動中や運動前後に適したドリンクを探してみよう

❶ 準備するもの

☐ 運動時に自分がよく飲むスポーツドリンク

❷ 成分表示を見てのほかの人の飲み物と比べてみます。

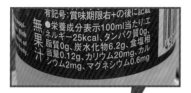

有記号:賞味期限右+の後に記載
無果汁 ●栄養成分表示100ml当たり:エネルギー25kcal、タンパク質0g、脂質0g、炭水化物6.2g、食塩相当量0.12g、カリウム20mg、カルシウム2mg、マグネシウム0.6mg

飲み物のラベルの成分表示を見て、炭水化物の量の違い、カリウム・ナトリウム・マグネシウムの量の違い、カロリーの違いを確認してみましょう。

清涼飲料A

成分表示（100mL当たり）	
エネルギー	25kcal
タンパク質・脂質	0mg
炭水化物	6.2g
食塩相当量	0.12g
カリウム	20mg
カルシウム	2mg
マグネシウム	0.6mg

清涼飲料B

成分表示（100mL当たり）	
エネルギー	11kcal
タンパク質・脂質	0mg
炭水化物	2.7g
食塩相当量	0.10g
カリウム	20mg
カルシウム	2mg
マグネシウム	0.6mg

清涼飲料C

成分表示（100mL当たり）	
エネルギー	10kcal
タンパク質・脂質	0mg
炭水化物	2.5g
食塩相当量	0.292g
カリウム	78mg
リン	6.2mg
マグネシウム	2.4mg
ブドウ糖	1.8g
塩素	177mg

❸ 炭水化物の含有量をスティックシュガーや角砂糖に置き換えてカロリーの高い順に展示してみましょう。

> 糖質（炭水化物）が100mL当たり４〜６gの体の体液と同じ飲み物は、アイソトニックといって、エネルギーと水分を補充したい運動前後に向いています。
> 糖質（炭水化物）が100mL当たり４g未満の体液より薄い飲み物は、ハイポトニックといって、脱水状態になった体に早く水分を吸収させたい運動中などに向いています。両方とも浸透圧が関係しています。

やってみよう 自分の汗の量

Point
・自分の体の水分量や汗の量を知ろう
・気がつかないうちに脱水が起こることを確かめてみよう

❶ 準備するもの

☐ 500mLペットボトル

☐ ぬれてもいいタオル

❷ 自分の体の水分量を計算します。

●自分の水分量
　式：体重（kg）×0.6

❸ 自分の体重の１％汗（体重（kg）×0.01）の量の水を、ペットボトルに入れて確認します

体重60kgの人の１％分の水分量600mLを床にこぼして確認します。

手でのばしてみます。

タオルで拭き取って絞ってみます。

普段汗をかいた状態の衣類やタオルの状態と比べて、自分の１％の汗のイメージをわかせてみましょう。

脱水状態の時の症状の目安

１％喪失	２％喪失	３〜４％喪失	５％以上喪失	20％以上喪失
・自覚症状なし ・パフォーマンスの低下が始まる	・喉の渇きを感じる ・パフォーマンスの低下	・きついと自覚 ・明らかにパフォーマンスが低下	・明らかな集中力低下 ・めまい ・吐き気	・生命の危険

SCHOOL SPORTS SAFETY

頭部外傷

まずは緊急度の高い頭部外傷の症状や様子がないかを確認

意識消失

悪化する頭痛

首の痛み

ろれつが回らない

繰り返す嘔吐

増悪する落ち着きのなさや混乱

手足の脱力やしびれ

異常な行動変化

強い眠気で起きられない

人や場所が認識できない

該当する場合はすぐに救急車を要請

周囲の人がわかる脳振盪の人の様子

次に脳振盪のチェックへ

・倒れて動かない

・言っていることがわからない
・混乱している
・質問に正確に答えられない

・顔面にけががある

・衝撃を受けた直後に立ち上がるのが遅い

・フラフラしている
・動きがぎこちない

・無表情
・ぼんやりしている

脳振盪が疑われる人への対応のポイント

運動は中止する
一人にしない

家族に伝える
必ず付き添う

必ず脳神経外科を受診する

画面を見過ぎない
脳を疲れさせない

十分に休む
学業や運動へは段階的に復帰する

クラスの友だちに伝えておく

48時間は絶対安静・要観察です　受傷者を一人にしてはいけません！

監修　スポーツパフォーマンス稲門会スポーツセーフティワーキンググループ

脳振盪とは
（のうしんとう）

脳振盪とは、脳への外的な衝撃で生じる一時的な脳の機能障害のことです。脳振盪の症状は幅広く、頭部打撲直後の一時的な意識消失、人や場所を認識できないといった健忘症状、頭痛や嘔吐、目線が合わない、ぼんやりしている、怒りっぽいなど、様々な脳の機能障害の症状が見られます。また、CTやMRIの検査を行っても、出血などの異常が確認できないのが特徴です。STEP 1のポスターを参照し、まずは命に関わるかどうかの緊急度を確認したうえでよく観察し、必ず脳神経外科などの専門家の判断を仰ぐ必要があります。

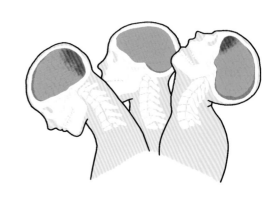

こんな人は注意

競技レベルや性別に関係なく、全ての人に脳振盪は発生します。運動部活動に限らず、体育や学校行事でも発生しています。その中でも、より激しい衝突や接触を伴うスポーツは、脳振盪の発生する危険性が高くなります。さらに、初心者と熟練者や学年が違う人同士、体格差のある人同士での対戦は脳振盪の発生リスクが高くなります。

コンタクトスポーツ

接触や転倒などが多いスポーツ

セカンドインパクトシンドローム

脳振盪は、安静にし、適切な処置を受けることで自然に回復するとされていますが、頭部に衝撃を受けて脳振盪を起こした後、我慢してプレーをしたり、周囲が症状・徴候に気づかなかったりして運動を継続した結果、短期間に２度目の衝撃を受けると、脳に重大な損傷が生じ、重篤な症状（硬膜下血腫など）に陥ることがあります。これをセカンドインパクトシンドロームといいます。そのような場合、約半数は死亡事故へと発展してしまいます。頭部を受傷した時は、脳神経外科の医師の指示に従い、段階を追って活動を再開する必要があります。

硬膜下血腫
頭蓋骨の下にある硬膜と脳の隙間に血がたまること

CRTとは

　子どもや成人の脳振盪の可能性に気づくための脳振盪認識ツールを、CRT（Concussion Recognition Tool）といいます。　脳振盪を診断するツールではありません。

Step 1 では救急搬送が必要かを判断する
Step 2 では見てわかる所見
Step 3 では脳の機能に関連する症状
Step 4 では記憶の評価から脳振盪の可能性がないかを探る

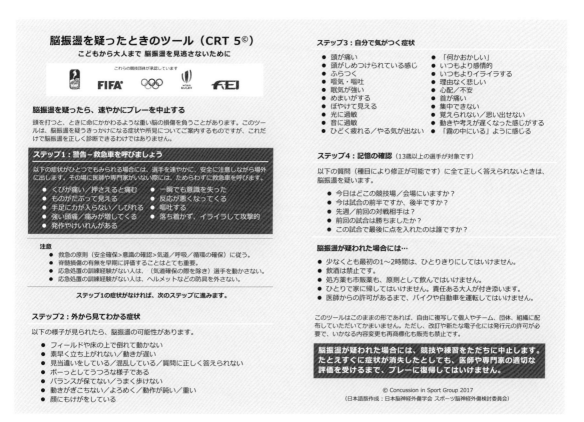

脳振盪を疑ったときのツール（CRT 5©）
こどもから大人まで　脳振盪を見逃さないために

これらの競技団体が承認しています

FIFA®　　WORLD RUGBY　　FEI

脳振盪を疑ったら、速やかにプレーを中止する

頭を打つと、ときに命にかかわるような重い脳の損傷を負うことがあります。このツールは、脳振盪を疑うきっかけになる症状や所見についてご案内するものですが、これだけで脳振盪を正しく診断できるわけではありません。

ステップ1：警告−救急車を呼びましょう

以下の症状がひとつでもみられる場合には、選手を速やかに、安全に注意しながら場外に出します。その場に医師や専門家がいない際には、ためらわずに救急車を呼びます。

- くびが痛い／押さえると痛む
- ものがだぶって見える
- 手足に力が入らない／しびれる
- 強い頭痛／痛みが増してくる
- 発作やけいれんがある
- 一瞬でも意識を失った
- 反応が悪くなってくる
- 嘔吐する
- 落ち着かず、イライラして攻撃的

注意
- 救急の原則（安全確保＞意識の確認＞気道／呼吸／循環の確保）に従う。
- 脊髄損傷の有無を早期に評価することはとても重要。
- 応急処置の訓練経験がない人は、（気道確保の際を除き）選手を動かさない。
- 応急処置の訓練経験がない人は、ヘルメットなどの防具を外さない。

ステップ1の症状がなければ、次のステップに進みます。

ステップ2：外から見てわかる症状

以下の様子が見られたら、脳振盪の可能性があります。

- フィールドや床の上で倒れて動かない
- 素早く立ち上がれない／動きが遅い
- 見当違いをしている／混乱している／質問に正しく答えられない
- ボーっとしてうつろな様子である
- バランスが保てない／うまく歩けない
- 動きがぎこちない／よろめく／動作が鈍い／重い
- 顔にもけがをしている

ステップ3：自分で気がつく症状

- 頭が痛い
- 頭がしめつけられている感じ
- ふらつく
- 嘔気・嘔吐
- 眠気が強い
- めまいがする
- ぼやけて見える
- 光に過敏
- 音に過敏
- ひどく疲れる／やる気が出ない
- 「何かおかしい」
- いつもより感情的
- いつもよりイライラする
- 理由なく悲しい
- 心配／不安
- 首が痛い
- 集中できない
- 覚えられない／思い出せない
- 動きや考えが遅くなった感じがする
- 「霧の中にいる」ように感じる

ステップ4：記憶の確認（13歳以上の選手が対象です）

以下の質問（種目により修正が可能です）に全て正しく答えられないときは、脳振盪を疑います。

- 今日はどこの競技場／会場にいますか？
- 今は試合の前半ですか、後半ですか？
- 先週／前回の対戦相手は？
- 前回の試合は勝ちましたか？
- この試合で最後に点を入れたのは誰ですか？

脳振盪が疑われた場合には…

- 少なくとも最初の1〜2時間は、ひとりきりにしてはいけません。
- 飲酒は禁止です。
- 処方薬も市販薬も、原則として飲んではいけません。
- ひとりで家に帰してはいけません。責任ある大人が付き添います。
- 医師からの許可があるまで、バイクや自動車を運転してはいけません。

このツールはこのままの形であれば、自由に複写して個人やチーム、団体、組織に配布していただいてかまいません。ただし、改訂や新たな電子化には発行元の許可が必要で、いかなる内容変更も再商標化も販売も禁止です。

脳振盪が疑われた場合には、競技や練習をただちに中止します。たとえすぐに症状が消失したとしても、医師や専門家の適切な評価を受けるまで、プレーに復帰してはいけません。

© Concussion in Sport Group 2017
（日本語版作成：日本脳神経外傷学会 スポーツ脳神経外傷検討委員会）

出典：一般社団法人　日本脳神経外傷学会

STEP **2** ワンポイントアドバイス

段階的な復帰

　脳振盪は自然に回復する外傷ですが、適切な休養時間をとらなければ、回復を遅らせたり、セカンドインパクトシンドロームになったりすることもあります。脳振盪と診断された時は、以下の表を目安にして、医師に学業や練習復帰に向けての計画を相談するといいでしょう。

段階的な競技への復帰計画

6	スポーツ活動への復帰
5	フルコンタクトの練習
4	ノンコンタクトのトレーニングドリル
3	競技に特化した運動
2	軽い有酸素運動
1	症状をコントロールした活動

最優先すべき症状

　脳振盪が発生する時と同じような衝突や衝撃で、まれに頭蓋内に出血したり、頸椎などを損傷したりしている場合があります。そのような場合は右に示す症状や徴候が見られます。ひとつでも当てはまる場合は救急車を要請するとともに、受傷者の容態を観察しましょう。

＊意識消失

＊悪化する頭痛

＊首の痛み

＊ろれつが回らない

＊繰り返す嘔吐

＊増悪する落ち着きのなさや混乱

＊手足の脱力やしびれ

＊異常な行動変化

＊強い眠気で起きられない

＊人や場所が認識できない

やってみよう 脳振盪を疑う時の記憶と自覚症状のチェック

Point

・緊急を要する症状や徴候がなくても受診が必要な状態かを確認する方法を知ろう

・脳振盪の重症度を見極める方法を演習しよう

・自分の普段の状態を知っておこう

❶ 記憶の状態を評価する質問をします。

これらの質問に1つでも答えられなければ脳振盪を疑います。 （競技種目によって質問を多少変更しても構いません）	正しく答えられたか？ ○ or ×
今日はどこの競技場にいますか？	
今は前半ですか、後半ですか？	
この試合で最後に得点を入れたのはだれでしたか？	
一番最近どこのチームと試合をしましたか？	
前回の試合は勝ちましたか？	

注意：13歳以上が対象の質問項目です

今何時間目ですか？

先週のバスケはどこのチームと試合した？

そんなのわかるでしょ！

脳振盪を起こすと、この質問が答えられなくなるのか

❷ 自覚症状の程度を0〜6点でチェックします。

自覚症状 の目安	症状なし 0	軽度：少し感じる 1　　2		中度：まあまあ感じる 3　　4		重度：すごく感じる 5　　6	
頭が痛い		ふらつく		集中できない		いつもよりイライラする	
頭がしめつけられる		光に敏感		覚えられない		理由なく悲しい	
首が痛い		音に敏感		疲れる／やる気がでない		心配／不安	
嘔気がある／吐いた		動きや考えが遅くなった		混乱している		眠れない／寝つけない	
めまいがする		霧の中にいるよう		眠気が強い			
ぼやけて見える		何かおかしい		いつもより感情的			

注意：脳振盪を診断するツールではありません。あくまでも脳振盪の可能性に気づくためのツールです。

0以上がついた項目の個数	点数の合計点
／22 個	／132点

私は自覚症状が0個だから合計点数も0点だ！

私は今日かぜ気味で頭が痛く、少し眠いから……自覚症状2個で3点だその日の体調によって絶対0とは限らないんだね

やってみよう 脳振盪を疑う時のバランステスト

Point
・緊急を要する症状や徴候がなくても受診が必要な状態かを確認する方法を知ろう
・脳振盪の重症度を見極める方法を演習しよう
・自分の普段の状態を知っておこう

❶ テスト姿勢をとります。

> 利き足は主にボールをける側の足、軸足は利き足と反対側の足です。

●継ぎ足テスト

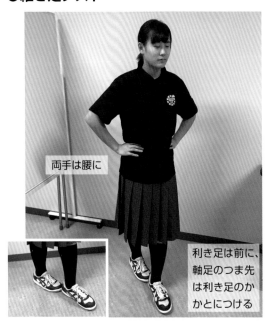

両手は腰に

利き足は前に、軸足のつま先は利き足のかかとにつける

●片足立ちテスト

両手は腰に

軸足で立ち、利き足を上げる

利き足と軸足の間は離す

❷ 目を閉じて20秒間同じ姿勢を維持する中で、下の表に従って評価します。

脳振盪評価表

☐ 目を開けてしまう ☐ 手が腰から離れる ☐ よろける ☐ 倒れる ☐ テスト姿勢から崩れる	20秒間に 6回以上 起こる
☐ 開始の姿勢を5秒以上保持できない	測定不可

健康な状態でも左の動作が起こることがあるため、普通の状態（ベースライン）を知っておくことが大切です。脳振盪を疑う場合は、普通の状態と比較して判断しましょう。

テストを実施する際は、はだしでも靴を履いた状態でも構いませんが、受傷時に比較する際は、テストの時と同じ条件（はだしまたは靴を履く）にしましょう。

SCHOOL SPORTS SAFETY

 雷

知っておきたい雷の性質

● 高いところに落ちる　● 電気を通しやすい物体に落ちる
● 電気は物体の側面を流れる
● 晴れてきて、光と音が完全に消えても30分以内は落ちる可能性が高い

◯ 安全な場所	△ 安全な場所がない時に避難する場合	✕ 危険な場所

窓が完全に閉まる乗り物

5m以上30m以下

4m

高さ5m以上30m以下の物体から4m離れた場所で頂上を45度以上の角度で見上げる場所で姿勢を低くする

テントは非常に危険

密閉されたコンクリートの建物

2m

4m

避難する物体が木の場合は、木の幹から4m以上離れ、かつ枝や葉から2m以上離れた場所で姿勢を低くする

木の幹に近い真下は非常に危険

30分ルール

雨がやみ、雷鳴が聞こえなくても、30分以内は落雷の可能性あり

逃げ遅れたときの最後の手段

①頭をできるだけ低く
②両手で耳をふさぐ
③足のかかとを合わせる
④つま先で立つ
⑤荷物は地面に置く
⑥密集しない

避難する場所をあらかじめ決めておくことが大切です

69

雷による事故

　落雷事故は年間を通じて発生する可能性があり、これまでも校舎外での学校行事中や部活動中において落雷事故が発生しています。

事例1　高等学校2年生男子：野球の練習試合を実施していた。午後の開始早々に雨が降り，約20分後，雨も上がり雲も切れてきて青空も見えてきたので、公式審判員と両校の監督とで、試合を続投することになった。マウンドに本生徒が立ち、ボールを投げ、キャッチャーから返球されたその時、突然雷が本生徒の頭に落ち倒れた。救急車の手配、心臓マッサージ、AED等の救急処置を続け、その後ドクターヘリで病院に搬送され、措置を受けたが同日死亡した。

事例2　高等学校2年生男子：体育祭の午後からの応援合戦中、本生徒がスタンドで応援していた際、近くで落雷があった瞬間、足から下半身にしびれが走った。下肢を切断し機能障害が残った。

「学校事故事例検索データベース」（独立行政法人日本スポーツ振興センター）より

直撃雷
積乱雲から直接人体に落雷することです。この場合8割の人が命を落とすといわれています。グラウンド、平地、山頂、尾根などの周囲の開けた場所が危険です。

側撃雷
落雷を受けた樹木などのそばにいると、その樹木などから人体へ雷が飛び移ることがあります。木の下で雨宿りをしていて死傷する事故はほとんどがこの側撃雷です。

雷ができる条件

　日中（特に夏）の日差しで暖められた軽い空気は上昇します。一方、上空の冷たい重い空気は下降します。これらの上昇気流と下降気流がこすれる時に静電気が発生し、雲の中に電気がたまります。そして、雲がためられなくなった電気を地面に向かって逃がす時に雷が発生します。

天気予報で「上空に寒気が入り、大気の状態が不安定」というフレーズが要注意

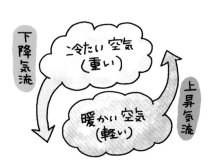

合宿地は雷が多い

　合宿地は海や山間部などの涼しい気候の地域が選ばれやすく、積乱雲が発生しやすい条件がそろっています。

　指導者は落雷事故を防止するために、以下のことを心がけましょう。

天気予報の確認は、「事前」と「気象が変わった時」が大切

気象庁ホームページにおいて「雷注意報」の発表状況や、実際にどこで雷発生の可能性が高まる予報となっているのかを確認しましょう。雷の音が聞こえた時、雷の光が見えた時など、気象の変化に気づいた時に天気予報を確認することが重要です。

天候の急変などの場合にはためらうことなく計画の変更・中止をする

●積乱雲が近づくサイン

積乱雲が近づいてくると、まもなく激しい雨と雷が起こります。竜巻などの激しい突風が起きる恐れもあります。

| 真っ黒い雲が近づいてきた | 雷の音が聞こえてきた | 急に冷たい風が吹いてきた |

雷の被害

　雷の人体への影響は、直接人体に落ちる（直撃雷）、樹木などに落ちた雷が飛び移る、樹木に落ちた雷が地面などを伝って感電する（側撃雷）場合があり、どれも危険です。

心肺停止　落雷死亡事故のほとんどは、雷の大電流が体内（頭部から上半身）を流れることによる心肺停止です。雷撃を受けた人が死に至るかどうかは、体内を流れる電流の大きさと時間により決まります。

意識障害　落雷の電流が頭部を流れることによる、一過性の意識障害がしばしば見られます。

鼓膜穿孔　一般に「鼓膜が破れた」といわれる状態で、よく見られる所見です。原因として、間接的な爆風、または熱傷、音響外傷、爆風、電流の直接作用などが挙げられます。

熱傷　受傷者の多くは軽症で、早期に治癒します。それは、電流の大部分が短時間に体の表面を流れ、体内を損傷するほどの深さに達しないためです。しかし、落雷の電流には、低い値の電流が長い時間流れる連続電流と呼ばれるものがあり、それを受けた場合、深い熱傷を起こします。落雷による熱傷では、皮膚表面を電流が流れることによる電紋と呼ばれるシダの葉のような模様が現れます。

雷からの避難方法

　屋外で雷が発生した時は、すぐに安全な場所に避難することが重要です。人体は同じ高さの金属像と同様に落雷を誘引します。身につけている金属を外すことや、ゴム長靴やレインコートなどの絶縁物を身につけていても、落雷は阻止できません。

●屋内の安全な場所

自動車の内部、鉄筋コンクリートの建物の内部、木造建築物の内部、電車の内部など

●危険な場所

東屋、オープンカー、テント、バイク、ゴルフカート、トラクターなど

高さ5m以上の高い物体の保護範囲

屋外で比較的安全性の高い場所です。この保護範囲で、人よりも物体の方に雷の電流が引き寄せられます。また、物体から一定の距離（4m）を保つことで、物体からの側撃雷も避けることができます。

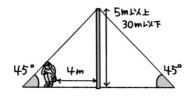

高さ5m以上30m以下の保護範囲

電柱、煙突、鉄塔、建築物などの高い物体（5m以上30m以下）のてっぺんを45°以上の角度で見上げる範囲で、その物体から4m以上離れたところに避難します。

●逃げ遅れた時の姿勢

①頭をできるだけ低く
②両手で耳をふさぐ
③足のかかとを合わせる
④つま先で立つ
⑤荷物は地面に置く
⑥密集しない

体を伏せたり、横たわったりしてはいけません。

いちばん大切なことは、事前に避難する場所を確認しておくことです。

Ⅲ

研究の最前線

スポーツ活動中の心停止

はじめに

　スポーツ参加中あるいはスポーツ参加後1時間以内の心臓由来の死亡を、心臓突然死（Sudden Cardiac Death: SCD）といいます。SCDは、スポーツで発生する死亡原因の第1位となっています。米国の傷害統計データによれば、大学生競技選手のSCDの発生率は1件/4万3千人〜1件/8万3千人とあります。また、男子大学生バスケットボール選手のSCDの発生率は、1件/9千人でありその他の競技選手と比較して高いことが知られています。米国の高校生競技選手のSCD発生率は0.13件/10万人（年）と報告されています。

　日本においては、学校管理下（体育活動外も含む）における児童・生徒のSCDについてのデータが公表されています。それによれば、学校管理下におけるSCDの発生率は1年間で0.1件/10万人です。日本スポーツ振興センターが発行する『学校の管理下の死亡・障害事例と事故防止の留意点』のデータ（2003〜2018年）を用いて、中高生の運動部活動で発生したSCDの事例をスポーツ種目間で比較しました。その結果、SCDの発生数が多い種目は、ラグビー（0.38件/10万人）、野球（0.33件/10万人）、バスケットボール（0.30件/10万人）、サッカー（0.27件/10万人）でした（図1）。各統計調査の結果は異なる単位で報告されているため、データを解釈する際には注意が必要です。

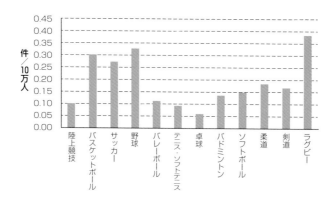

図1　中学校・高校の運動部活動における心臓突然死の発生率（種目間比較）

　潜在的な心臓疾患を有する人が高強度のスポーツ活動を行うと致死性不整脈が引き起こされることがあります。心臓疾患は大まかに、心筋症、冠動脈疾患、マルファン症候群/大動脈解離などの器質性疾患と、Long QT症候群、WPW症候群、心臓振盪などの不整脈及び心電図異常所見に分類されます。これらの原因疾患が背景となって致死性の不整脈が生じます。

　若年者のスポーツ活動で発生する心停止（Sudden Cardiac Arrest: SCA）は、除細動が可能な致死性不整脈であることが多いとされます。具体的には、心室細動（Ventricular Fibrillation: VF）と著しい頻拍を呈する心室頻拍（rapid Ventricular Tachycardia: rapid VT）と呼ばれる致死性不整脈です。VFやrapid VTが生じると心臓の筋肉が正しく収縮せず、

血液を全身に供給することができなくなります。VFやrapid VTの発生から除細動までの時間が１分経過するごとに生存率が７〜10%ずつ低下するとの試算もあり、SCAの傷病者に対しては速やかな一次救命処置が必要です。一次救命処置とは、119番通報、心肺蘇生法（Cardio Pulmonary Resuscitation: CPR）、AEDの使用のことを指します。一次救命処置についての国際ガイドラインは５年に１度更新されるため、スポーツ指導者は最新のガイドラインを把握するよう努める必要があります。

救急処置

　SCDを防ぐためには、救命の連鎖をいち早くつなぐことが大切です。救命の連鎖とは、スポーツ指導者がSCAを発見→119番通報→一次救命処置→救急隊へ傷病者を引き継ぐ→救急隊による傷病者の搬送→医療機関での傷病者の治療、という一連の流れを表す言葉です。このようにSCAに対する救急処置の第一歩は、SCAを素早く発見することになります。スポーツフィールドでのSCAの場面を検証した報告によれば、まず傷病者は手を膝に置いたお辞儀姿勢をとり、次に膝を地面に着けた態勢となり、最終的に腹ばいに倒れ込むというパターンをとることが多いとされています。このようなパターンを知ることは、スポーツ指導者がSCA発生を疑うのに有益であると考えられます。また、SCAを発見できず（ほかの疾患と誤って判断してしまうことで）、救命の連鎖がいち早くつながらない事例が報告されています。判断を誤りやすい徴候として、死戦期呼吸（しゃくりあげるような呼吸）やけいれんが挙げられています。突然倒れ、反応のない傷病者については、ほかの疾患が確定されるまでは、常にSCAを念頭に対処することが重要になります。

　質の高いCPRを行うことは救命には不可欠です。CPRを実施することで脳と心臓に酸素が含まれた血液を供給できるため、除細動の成功率がCPRを行わなかった場合よりも高くなります。また、AEDによる早期の除細動も重要です。救急現場に居合わせた人が適切なCPRを行い、傷病者が倒れてから３〜５分以内に除細動が行われた場合、生存率は41〜74%であったと報告されています。そのため、スポーツ活動が行われる各フィールドから往復で3分以内の場所にAEDが設置されることが推奨されます。さらに、AEDによる電気ショックは複数回必要な場合もあるため、除細動後にCPRを直ちに再開することも忘れずに覚えておきたい事項です。CPRを中止してよいのは、①傷病者が嫌がって動き出す、うめき声を出す、見るからに普段通りの呼吸が現れた時、②医師または救急隊に傷病者を引き継ぐことができた時、③救助者に疲労や危険が迫り、心肺蘇生を続けることが困難になった時とされています。

緊急時対応計画

　SCAを含めたスポーツ事故が発生した場合でも、迅速で統制のとれた対応をとるために、緊急時対応計画（Emergency Action Plan: EAP）の作成が推奨されます。EAPとはスポーツ事故が発生した場合を想定して、救急処置に関わる人・物・情報を整理し、紙に書き起こしたもの

です（図2）。EAPの目的は、傷病者の状態を悪化させず、かつ迅速に傷病者を救急隊に引き継ぐことです。以下に学校スポーツにおけるEAP作成時の検討項目を示します。

①重篤なスポーツ事故を想定したEAPを各学校が持つこと。

②養護教諭、部活動顧問教諭、学校管理職、その他の学校教職員、部活動外部コーチ、近隣の消防署などの関係者が協力してEAPを作成すること。

③EAPを選手の救急処置に関係する全ての人に配布する。また試合の場合は、両チームの関係者で事前にミーティングを開き、EAPを基に傷病が発生した時の対応を決めておくこと。

④各運動施設においてマップなどを含んだEAPを作成すること。

⑤救急処置に使用する物品の保管場所をEAPに記載すること。

⑥スポーツ活動で傷病者が発生した場合に、誰がどのような役割を担うのかを明らかにし、連絡系統を明確にすること。

⑦119番及び近隣にある医療機関の住所及び連絡先を記載すること。

⑧傷病者への対応記録を残すことについて言及すること。

⑨ EAPは関係者とともに少なくとも一年に一度見直しを行うこと。

⑩アスレティックトレーナーまたは医療従事者が練習や試合に帯同し、救急処置を行うことが望ましいが、そのことをEAP作成の際には検討すること。

　役割分担はチームごとの状況に鑑みて決定する必要がありますので、EAP作成の際には関係者間での話し合いが重要です。EAPの作成に関する詳細は他の成書を参考にしていただきたいと思います。

突然死の予防

　日本スポーツ振興センターが発行する『学校における突然死予防必携』では、「突然死を防ぐための10か条」が示されており、これらの内容について十分に理解をしておくことが推奨されています。「突然死を防ぐための10か条」は具体的には、以下の項目となっています。

①学校心臓検診（健康診断）と事後措置を確実に行う。

〇〇高校体育館 Emergency Action Plan
〈ファーストレスポンダーの役割〉
1. 周囲の安全確認　（2次災害と感染の防止）　人物❶
2. バイタルサインの確認とファーストエイドの実施　人物❶
3. 119番通報　人物❸
　a) 自分の名前と連絡先
　b) 所在地（〇〇高校体育館，富田町東通り2095）
　c) 傷病者の人数、状態、年齢
　d) ファーストエイドとして行った処置の内容
　e) 救急指令室の指示があるまで電話を切らない
4. CPRとAEDの実施　人物❶と❸
　a) CPRの開始
　b) AEDを取りに行く（AEDは体育館正面玄関に設置）
5. 保健室と職員室への連絡　人物❹
6. 救急隊の誘導　人物❷
　a) 救急隊と正門前で会う
　b) 救急隊を傷病者のところに誘導
7. 病院への付き添い　人物❺
8. 状況を時系列に記録　人物❻

〈連絡先〉
1) 救急車　119
2) 〇〇上町総合病院（救急科あり）　00-0000-0000
3) 〇〇医院（学校医）　00-0000-0000
4) 救急医療情報サービス　00-0000-0000
5) 〇〇高校保健室　00-0000-0000
6) 〇〇高校職員室　00-0000-0000
7) 〇〇高校守衛室　00-0000-0000

〈救急処置用の物品〉
1) AED
　体育館正面玄関に設置
2) 冷却用タブ
　更衣室横の倉庫に収納
3) バックボード
　更衣室横の倉庫に収納

人物❷:
正門前で救急隊を待つ。
救急隊が到着したら
体育館内に誘導する。

<この場所の住所>
富田町東通り2095

図2　体育館での運動部活動を想定した緊急時対応計画の例

②健康観察、健康相談を十分に行う。

③健康教育を充実し、体調が悪いときには、無理をしない、させない。

④運動時には、準備運動・整理運動を十分に行う。

⑤必要に応じた検査の受診、正しい治療、生活管理、経過観察を行う。

⑥学校生活管理指導表の指導区分を遵守し、それを守る。

⑦自己の病態を正しく理解する、理解させる。

⑧学校、家庭、主治医間で健康状態の情報を交換する。

⑨救急に対する体制を整備し、充実する。

⑩AEDの使用法を含む心肺蘇生法を教職員と生徒全員が習得する。

　若年スポーツ選手に対する診察と心電図検査のSCD予防効果について、以下の報告がされています。心臓疾患についての病歴聴取と診察のみでは、スポーツ選手のSCDを予測できる確率（0.9%）は低いとされています。SCDで死亡したスポーツ選手の60 ～ 80%は、潜在的な心疾患の初めての臨床症状によって亡くなっています。そのため、スポーツ選手を対象とした心臓疾患のスクリーニングには心電図検査が含まれています。イタリア人医師Corradoらによって行われた研究では、病歴聴取、診察、心電図によるスクリーニングを導入した前後におけるスポーツ選手のSCD発生率を比較しています。これらのスクリーニング導入後、若年スポーツ選手のSCDによる死亡率が約9分の1に減少したと報告しています。諸外国においては、スポーツ選手に対する心電図検査の是非が議論の対象となっているようです。その理由は、スポーツ活動を中止せざるを得ない心臓疾患を有しているアスリートが少ないこと（0.2%）に対して、心電図検査の擬陽性率（検査が誤って陽性と判断したものの割合）が7%と高くなっていることや、費用の問題などがあるためです。特に米国においては、心電図の判読を行うことができる医師を養成する必要があるなど、費用の問題のために、心電図検査の導入が見送られているようです。幸いにして我が国においては、学校保健法施行規則により定期健康診断にて心電図検査が行われています。これにより児童・生徒のスポーツ活動中のSCDを一定数防ぐことができていると考えられます。

さいごに

　SCDを防ぐためにはSCAが発生した場合の備えが重要です。スポーツ指導者は一次救命処置についての講習を受講し、SCAの対処の知識と技能を準備することが求められます。また、早期の除細動を実施するために運動施設へのAEDの設置は欠かすことができません。そして、SCA発生時の役割分担、連絡系統を効率化するためにEAPの作成が肝要です。学校スポーツにおいては、養護教諭、運動部活動顧問を中心としてEAP及び緊急時の体制づくりがなされることが望まれます。

PRICE処置／止血

出血のコントロール

　私たちの体には血管が張り巡らされており、血液が全身の細胞へ酸素や栄養素を供給し、代謝の副産物を回収することで細胞の代謝が継続され、臓器・器官が本来の機能を果たしています。したがって、血液は私たちが生命を保つのに非常に重要な働きをしているのです。そのため出血により血液が大量に失われると、各臓器・器官での機能が維持できず最悪の場合、死に至ることがあります。

　私たちの体重の７〜８％、子どもでは８〜９％は血液であるといわれており、70kgの大人では５〜６Lの血液を有していることになります。ここでAmerican college of surgeons著『ATLS Advanced Trauma Life Support,10th edition』で示されている出血の重症度の分類を紹介します。次の図では出血により損失した血液量で、出血の重症度をクラスⅠからクラスⅣに分類し、各クラスの特徴的な徴候を示しています。

出血の重症度の分類

徴候	クラスⅠ	クラスⅡ（Mild）	クラスⅢ（Moderate）	クラスⅣ（Severe）
おおよその血液損失量	＜15％	15-30%	31-40%	＞40％
心拍数	→	→／↑	↑	↑／↑↑
血圧	→	→	→／↓	↓
呼吸数	→	→	→／↑	↑
グラスゴー・コーマ・スケールの点数	→	→	↓	↓
輸血の必要性	要観察	必要な場合あり	必要	大量輸血が必要

『ATLS Advanced Trauma Life Support,10th edition』より抜粋

クラスⅠ　クラスⅠ（血液の損失量が15％以下）の出血では多少の心拍数の増加が見られることもありますが、多くの場合、血圧や呼吸数に変化は見られず、輸血をしなくても24時間以内に血液量を復元できることが多いです。

クラスⅡ クラスⅡ（血液の損失量15-30%）の出血では、心拍数や呼吸数の増加が見られることがあります。初期段階の出血だと収縮期（最高）血圧にはあまり変化はなく、拡張期（最低）血圧の値の上昇が見られる場合が多いので、血圧を測定する際にはその点に留意する必要があります。また、この程度の出血になると不安感や恐怖感、敵意を表するような中枢神経系の変化を呈することがあることも報告されています。

クラスⅢ クラスⅢ（血液の損失量31-40%）の出血では、灌流不全の典型的な徴候や症状を呈することが多いです。具体的には呼吸数や心拍数の増加、収縮期血圧の低下、及び顕著な精神状態の変化などが挙げられます。

クラスⅣ クラスⅣ（血液の損失量40%以上）の出血はまさに生命の危機であり、迅速な対応が求められます。呼吸数や心拍数は顕著に増加し、血圧は劇的に低下します。

　出血に関して事故現場で実施可能な最も重要なことは止血です。止血の方法は一般的なものとして直接圧迫法や間接圧迫法が挙げられますが、第一に推奨される方法は直接圧迫法です。有効に止血をするためには出血点を強く圧迫し、出血が止まるまで圧迫し続ける必要があります。広く普及した間接圧迫法と止血点の知識とは裏腹に、止血点を圧迫する間接圧迫法は直接圧迫法と比較して効果的に出血をコントロールする能力に欠けていることが指摘されており、その使用はエビデンスにより支持されているわけではありません。現段階では止血の方法として第一に選択されるべきは直接圧迫法であり、救助者が複数いる場合など、直接圧迫法を遮ることなく継続できる環境においてのみ、間接圧迫法の併用を検討することが望ましいと考えられます。

　すでに大量の出血が認められる場合、もしくは大量の出血が見込まれる場合には直ちに救急車を要請することも非常に重要です。出血（腹腔内への内出血も含む）により体内を循環する血液量が減少して血圧低下が起こると、交感神経が亢進され、カテコラミンが分泌されます。するとカテコラミンの作用により末梢の血管収縮が起こり、血液が主要な内臓器官に集中的に分配されます。出血性ショックの際に見受けられる蒼白な顔や冷たい皮膚などの徴候は、この反応により体表面への血流が乏しくなったために生じます。末梢への血流制限が長時間に及ぶ、または脳や心臓への血流さえも維持できない場合には、生命の危機に瀕することになります。脳細胞は低酸素状態への耐性が極めて低く、わずか数分間の酸素供給制限でさえ不可逆な損傷を負ってしまいます。したがって、現場の救助者が全力を尽くすべきは迅速かつ有効な止血を行うことと、いち早く救急隊員へ救命のバトンをつなぐことなのです。

外傷の処置

　骨折や捻挫など、一般的なスポーツ傷害の処置として広く普及しているのがPRICE処置です。PRICE処置とはProtection（保護）、Rest（安静）、Ice（冷却・アイシング）、Compression（圧迫）、Elevation（挙上）のそれぞれの単語の頭文字をとった、傷害発生時の急性炎症に対する処置の総称です。

　傷害の発生時、患部の組織は構造的な損傷を負いますが、この外力による直接的な組織の損傷

を一次損傷といいます。それに対し、一次損傷に付随して周囲の細胞へ波及していく損傷を二次損傷といいます。傷害発生直後の処置＝PRICE処置の目的はこの二次損傷を最小限に制限することにあります。

　二次損傷にはいくつか考えられるメカニズムがあります。そのうちのひとつが一次損傷によって破壊された細胞から放出される酵素により、周囲の細胞の細胞壁がその機能を奪われ、細胞死へ向かうというメカニズムです。それ以外にも、一次損傷後に患部周囲に起こる低酸素状態によって引き起こされる二次損傷もあります。一次損傷により血管がダメージを受けた場合、ダメージを受けた箇所からの出血やそれに伴う血管収縮・止血機構の影響により、それより先の細胞への血液の供給が乏しくなります。また、患部に浮腫や血腫が生じることでも血管は圧迫され、血流は制限されます。血流が制限された条件下では、細胞への酸素の供給が不足し、細胞は生存することが難しくなります。組織の修復は一次及び二次損傷により破壊された細胞を除去するところから始まるため、二次損傷の程度を最小限にすることが、組織の早期回復のためには非常に重要なのです。

　PRICE処置のひとつの構成要素であるアイシングは、専門家の間でもその使用の是非や使用方法に関して意見が分かれる介入です。従来、アイシングは患部の温度を下げることで細胞の代謝率を低下させ、相対的に酸素不足を解消することで二次損傷を予防しうると考えられてきました。しかしながら、損傷を受けた筋や腱、靭帯の温度をどの程度下げればその効果が得られるのか、果たして実際にアイシングで二次損傷を防ぎ、早期の機能回復を望むことができるのかということに関しては、未だに確固たるエビデンスを持った答えはありません。また、ターゲットとなる組織の体表からの深さや皮下脂肪の厚さなども冷却に影響を与えるので、アイシングの生理学を理解している専門家であっても、最適なパラメーターを指示することは、実は難しいのです。

　アイシングの二次損傷予防や早期の機能回復への効果に関しては未だに不明瞭な点が多いものの、即時的な痛みのマネジメントには有用であることが多いです。これはアイシングの冷たさによって感覚が鈍化するためだと考えられます。現時点でアイシングを有害であるとする強い裏づけはありませんし、受傷直後は痛みのコントロールも重要な課題であるため、受傷直後の処置としてアイシングの実施は推奨されています。先述の通り、アイシングのパラメーターを決定する際には考慮すべきことがいくつかありますが、感覚の鈍化による痛みの緩和を目的とすると20分から30分間アイシングを行うことが目安として推奨されています。冷却する範囲が広い場合や体表から深いところに位置する組織の冷却をねらう場合には、アイシングの時間を長めにとったり、アイスマッサージや氷水を張ったバケツに患部を浸したりします。袋や布を介さずに皮膚に直接氷や氷水を密着させる場合には、時間を短くするなど、場面に応じてパラメーターを調整すると、冷却を最適化できるかもしれません。アイシングを繰り返す際は、凍傷を防ぐために皮膚の温度を十分に回復させてから次のセットを行うように留意してください。

受傷後の処置に関する近年の動向

　RICE処置は長年傷害の応急処置の主流として使われ続けてきましたが、近年、研究結果の蓄

積により再検討の余地があることが各所で指摘されています。例えば、安静や保護の手段でもある患部の固定に関して、完全断裂のないグレードⅠやⅡの捻挫では、痛みが消失するまで固定を継続するよりも、受傷後に早い段階から適切な負荷をかける方が機能の回復が促進され、仕事やスポーツに早く復帰できるという報告が散見されます。これを踏まえ、近年では傷害受傷後の処置としてRICEやPRICEに代わり、POLICE（Protect, Optimal Loading [適切な負荷], Ice, Compression, Elevation）が普及しつつあります。

　最も頻繁に発生するスポーツ外傷である足関節内反捻挫の例を取り上げてみましょう。足関節内反捻挫は受傷後の再受傷率が高く、また慢性足関節不安定症に移行する確率も高いといわれています。再受傷率の高さの要因のひとつとしては、受傷後に残存する固有受容器の機能不全が挙げられており、固有受容器にアプローチするバランストレーニングの介入で再受傷率を大幅に下げられたという報告もあります。また、急性の足関節内反捻挫後や慢性足関節不安定症の患者の間では足関節周囲筋に筋力の低下が見られることが報告されており、筋力もスポーツに復帰する前に回復させておきたい重要な要素です。

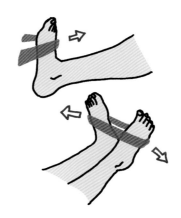

バランストレーニングの例　　　　　　　足関節周囲筋のトレーニングの例

　痛みをある程度コントロールできるのであれば、受傷後、完全に痛みが消失するまで「固定・安静」よりは早くから「動かす・鍛える」の方が、予後がよい場合も多いのです。しかしながら、骨折や脱臼、靭帯の完全断裂を伴う場合など、一定期間の固定が必須の傷害もありますので、依然として受傷時には医師の診断を受け、損傷を受けた組織や損傷の程度を理解することは重要です。このことから、受傷後の処置としては、医療機関で診察をしてもらうまではPRICE、検査や診察を経て傷害に関する理解を得た後は専門家の判断で適切な時期からPOLICEと考えると、普段の生活もしくはスポーツに安全で円滑に復帰できるのではないでしょうか。

目のけが

眼球運動のチェックの手順

　独立行政法人日本スポーツ振興センターの資料では、学校で発生する眼外傷の約7割がスポーツ中であることが示されており、球技や接触のある競技で主に発生しています。戸塚らによると、学校で起こる目のけがの特徴として「眼障害は全身の外傷に占める割合は10％以下であり、学年が高くなるにつれ頻度は低くなるが、ひとたび発生すると重症化しやすく、後遺障害を残す学校での外傷のうち４例に１例以上が眼障害で、歯牙疾患についで多い障害といえる」と述べています。このことから、眼外傷が発生した際には、発生直後から慎重な対応が必要であり、その後のフォローアップも重要となります。

　David J. Magee著『Orthopedic Physical Assessment』より、受傷後の目の症状・徴候で、すぐに医師の診察が必要なものをリストアップします。目は左右で比較して調べます。また、受傷前との違いが判別しにくい場合、傷病者本人に鏡を見て比較してもらうとよいでしょう。

　傷病者本人から無症状だといわれても、受傷後数か月してから視力低下や複視などの症状が出現し、その報告を後日してくることがあります。何か異常を感じたらすぐに眼科を受診するように傷病者へ伝えておくことが重要です。

すぐに医師の診察が必要な目の症状・徴候リスト

聴取する項目
・複視（ものが二重に見える） ・ぼやけた視界 ・視野欠損：眼窩周囲の腫脹により異常を認める場合がある。 　視野検査では、上下方60度、耳側80度が正常である。 ・失明・視力低下 ・目の痛み ・鋭い、ズキズキする痛み

観察やテストをして確認する項目	
・簡単に除去できない異物	・瞳孔サイズや形状の異常
・眼瞼（がんけん）や眼球の裂傷	・対光反射の異常
・角膜と虹彩の間の出血	・眼球運動がおかしい
・眼瞼機能の異常	
・眼球・眼瞼の穿通	
・眼球の突出・陥没	

　上記リストを基に、目とその周辺の観察・テストを行います。黒澤尚編『スポーツ外傷学-Ⅱ』ではスポーツ現場での視力検査は、視力表がなくても遠くの建物や文字などを見ることで、視力障害の有無をおおよそ確認するとあります。視力障害の訴えがなくとも視力の確認を行い、傷病者が見えないと訴えている場合は、涙のためかすんでいたり、疼痛でまぶたを開けることができなかったりすることを、見えないと表現していることもありますので注意深く聞きます。

　目の外傷の対応の注意点は、不用意に目をこすったり圧迫したりしないこと、眼球運動によって損傷を悪化させないことです。観察や目の被覆をする際、目を指やもので圧迫しないよう注意すると同時に、両側の目を覆うようにしましょう。片方の目を動かすと、協調運動により反対側の目も動いてしまうためです。また、頭の位置が動くと眼球も動くため、なるべく頭部も動かさないように説明しておきましょう。医師の診察を受けて経過観察となった場合も、上記を参考に定期チェックを行うことを推奨します。

瞳孔の検査：瞳孔不同と対光反射

　瞳孔の検査では、まず「大きさ」「左右差」「形の整・不整」を確認します。瞳孔サイズは、明るいところで通常直径３～５㎜程度で、光量、年齢、情動、性別、屈折度数、薬物などの影響を受けて変化します。５㎜以上を散瞳、２㎜以下を縮瞳と呼びます。瞳孔径に左右差があれば、「瞳孔不同」といい、0.5㎜以上の差があれば異常と考え、医師の診察を勧めます。0.5㎜程度の差は正常でも確認されます。

　対光反射は、「光に対して瞳孔が収縮する反射」で、視神経、視蓋前核、エディンガー・ウェストファル核、動眼神経の障害に対する評価となります。

瞳孔と対光反射の観察手順

①傷病者を座位、または仰臥位（ぎょうがい）にし、正面遠方を見るよう指示する（自分の手で遠方を示しながら）。「まっすぐ前（天井）のほうを見ていてください。今から目の検査をします。」可能ならば、部屋を少し暗くする。
②左右の瞳孔の大きさ、左右差、形を確認する。必要ならば、上眼瞼（じょうがんけん）を引き上げて、瞳孔が見やすいようにする。「少しまぶたを開けます」
③光を目に入れることを傷病者に告げる。「（ペンライトを見せながら）今から、このペンライトで目の中に光を入れます」
④傷病者の視線の外側から前方にペンライトを動かし、光を一方の瞳孔に入れる。
⑤反対側も同様に行う。

ペンライトでは十分な光量がない場合（部屋を暗くできない場合や太陽光が強い場合など）に、対光反射を調べる方法と手順

①傷病者に両目を開けたままにするよう指示する。
②検者の両手のひらで、傷病者の両目を覆い、約10秒光が目に入らないようにする。
③素早く手のひらを離して、一方の瞳孔の反射を確認する。
④もう片方も同様に行う。

眼球運動のテスト

　二重に見える（複視）、ぼやけたように見える、めまいがする、気分が悪いなどの訴えがあれば、眼球運動のテストを行います。眼球運動に異常があれば、目の筋や、脳神経の動眼神経、滑車神経、外転神経の障害を疑い、医師の診察を受けるようにします。

　この眼球運動テストでは、「眼振」の有無も確認します。眼振があれば、前庭神経核、前庭神経、前庭器官、あるいは中枢性障害を疑います。眼振とは、「自分の意思とは関係なく眼球が動く現象」を言い、動揺視やめまいを伴う場合、病的な眼振と判断します。眼振は脳振盪を受傷した際も出現する徴候ですので、受傷メカニズムに脳振盪と考えうる事象があれば、適切な医療機関の診断を受けましょう。

眼球運動の観察手順

①傷病者を座位にし、患者の鼻の前方約50cmのところに自分の人差し指（またはペン）を位置させる。

②傷病者に、顔を動かさないで目だけで人差し指（ペン）を追うよう指示する。

③上下・左右に人差し指（ペン）を動かしながら、眼球の動きの円滑さを見る。この際、各方向の端で、一度指を止め、傷病者の眼球が停止するかも確認する。

④続いて、人差し指を斜めの方向に動かし、各方向の端で指を止める。

⑤眼球の異常な動き（両側眼球が同時に、または均等に動かないなど）、眼振や複視の有無を確認する。

　視力低下、複視、めまいなどが微細な程度である場合、傷病者本人が過小評価するなどして、障害の発見が遅れることがあります。検査の際は専門的な用語は控え、わかりやすい言葉を使いましょう。「靴が履きづらい・階段を下りるのが難しい？（＝下が見えづらい＝滑車神経麻痺による眼球下内転運動制限が示唆される）」など、生活行動に合わせた表現を使うことで本人が自覚しやすくなり、障害に気づくかもしれません。傷病者の年齢や学習レベルに配慮し理解しやすい言葉を選ぶことで、重要な見落としを防ぎ、障害を早期に発見することになります。

歯のけが

歯や顎関節のチェック方法

　歯の外傷対応では、受傷を発端として、その後数年に及ぶ障害にも十分に配慮した対応が求められます。日本学校歯科保健・教育研究会が「独立行政法人日本スポーツ振興センターの資料から平成18～27年の障害見舞金が支払われた障害件数全体1564件のうち、歯牙障害は433件あり、歯・口の外傷が子どもたちに大きな影響を与えていることがわかる」と述べています。

　これは、本人や保護者が容姿や多くの機能に関連する歯・口への関心が高いことを反映していると考えられます。歯・口の解剖や機能的役割・重要性を理解していることで、外傷発生直後から適切な対応が可能となります。本人や保護者が理解し少しでも納得するような説明ができるよう、十分な準備をしておきましょう。

　例えば歯の動揺性があれば、歯の破折や脱臼などが容易に考えられます。しかし、歯の外傷は、口内であるため視認性が悪く現場での正確な把握は難しいので、速やかに歯科医を受診することが必要になります。楊秀慶編『外傷歯のみかたと対応』では、「現在、歯の外傷に対して、小児歯科学、口腔外科学、歯冠修復学、歯内療法学、歯周病学、歯科補綴学、口腔インプラント学、歯科矯正学など、歯に関わる多岐にわたる知識と技術が携わっている」とあり、歯の外傷の際には学校歯科医などに相談し必要な専門的検査・治療を受けるようにしましょう。

　家庭によっては、歯の疾病に無関心な家庭もあれば、過剰に反応する家庭もあります。外傷の数か月後から数年後に、何らかの問題が起こりうることもあり、受傷後はなるべく早く医療機関を受診するように本人と保護者へ伝えましょう。

　『外傷歯のみかたと対応』で、歯の外傷好発部位は上顎中切歯で66.7%となると記述があります。前歯を含む歯牙障害は、咀嚼機能、発音機能、容貌に影響し、障害が残った場合生活の質を下げることになります。外傷歯の予後は、外傷のタイプ、治療を受けるまでの時間、そして歯科医師の知識と技術に関連しており、初期の対応に大きく影響を受けることが複数の資料で示唆されています。「口腔顎顔面外傷 診療ガイドライン第Ⅱ部」によると、歯の脱落から処置までに1時間以上を要した、脱落歯の保存状態が悪い場合の再植成功率は著しく低下するとのことです。速やかな対応をするためには、事前の計画や準備が必要となります。

　突発的な事故にも速やかに対応できるように、学校歯科医との連携は大切にし、かかりつけ医を把握しておくことも大切な準備です。同じ人が歯の外傷を繰り返すこともありますので、受傷後からフォローアップにおいても、学校歯科医やかかりつけ医との連絡・相談は重要です。常日頃から学校歯科医と連絡を取り合い、学校行事に合わせてあらかじめ突発事故の対応計画を整備しておくとよいでしょう。

　日本スポーツ振興センターの報告（2008年）では、「歯・口の外傷は部活・スポーツ中に発生することが多いが、学校内でのけんかなどのトラブル、登下校中の自転車事故での受傷もあるため、加害者−被害者の関係が発生している場合もある」とのことです。歯の外傷は同時に頭頸部外傷やその他の部位の外傷の可能性もあり、受傷直後からの正確な記録（受傷時間、場所、状

況、部位や本数、既往歴、その他の症状や徴候など）を取るため、本人はもちろん周囲の人から聴取しておくことが大切です。あわせて、口腔内の写真を撮っておく（本人と保護者の許可を取ること）などの対応も必要です。前述のような様々なトラブルがある中でも「60分以内に専門医の処置を受ける」にはどうしたらよいかを考えて、事前の準備を十分にすることをお勧めします。

聴取：確認しておきたい情報

- 受傷時間

- 場所

- 発生状況
  対人・対物、何が歯（顔面部）に接触したか
  転倒転落（高さ・地面の性状）・衝突・けんか
  力のかかった方向

- 損傷した歯の部位・本数

- 損傷のタイプ：電話等で連絡することを考慮し、大まかに破折・陥入・脱臼・脱落に分類
  歯が欠けた・歯がグラグラする＝破折
  歯がめり込んだ＝陥入
  歯の位置がずれた＝脱臼
  歯が抜け落ちた、なくなった＝脱落・完全脱臼

- 疼痛（顎を動かした時やかみ合わせた時）・異音の有無

- 出血の有無：出血箇所、量

- かみ合わせの状況：かみ合わせが合わない場合は、上顎・下顎の骨折を示唆

- かかりつけ医の有無、連絡先等

- 損傷した歯の既往歴：現在治療中の歯、歯冠修復物、義歯等

- 脱落した歯を持っているか

- 口腔外に脱落した歯がないか
  脱落した歯があれば探す　→　歯が見つかれば、乾燥させないように保存液、卵白、牛乳につけて保存する。その際、歯根部に触れないこと

- 動揺している歯があるか：自分の舌で歯にやさしく圧力をかけてみる。または、冷たい水を口に含んでみて歯の痛みなどが増悪するなら、何らかの歯の損傷を示唆

観察１．口唇やその周辺を見る

- **出血**：位置、大きさを確認・記録→清潔なガーゼで圧迫止血
  口腔内の出血があれば、骨折も視野に観察を進めます。
  鼻や耳からの液体や出血、血の味がするなどがあれば、頭蓋骨骨折の疑いがあります。
  感染リスク軽減に配慮しましょう。
- **変色**：色、位置、大きさを確認・記録
- **腫脹**：位置、大きさを確認・記録
- **創**：位置、大きさ、深さを確認・記録→水等で処置をした後、清潔なガーゼで被覆
- **変形**：変形があれば骨折を疑う

観察２．口の中を見る

- ●口腔内出血：出血箇所、程度を確認・記録

  滅菌ガーゼを出血部に当て圧迫止血を行います。

  口唇と歯牙の間にガーゼロールなどを挟み唾液などを吸収させると、口腔内分泌液による

  汚染・感染を防ぐことができます。

- ●歯の数、位置を確認する

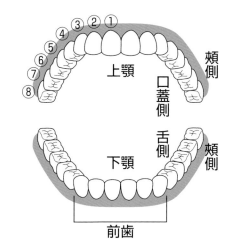

① 中切歯

② 側切歯

③ 犬歯

④ 第一小臼歯

⑤ 第二小臼歯

⑥ 第一大臼歯

⑦第二大臼歯

⑧ 第三大臼歯

- ●歯の損傷状況を確認する

  「破折」＝歯が欠けた・歯がグラグラする

  　　　歯が欠けている→欠けた歯を探して保存し受診

  　　　歯は欠けていないが縦に割れている→現状維持し受診

  　　　歯がグラグラする→現状維持し受診

  「陥入」＝歯が歯茎の中に埋まっている→現状維持し受診

  「脱臼、脱落（完全脱臼）など」

  　　　側方脱臼など＝唇側・舌側に歯がずれている

  　　　　→できるだけ口を閉じないよう指示し受診

  　　　脱落＝歯がない

  　　　　→抜けた歯を探して保存し受診

  　　　挺出＝抜けていないが飛び出している

  　　　　→可能なら少し押し戻し、できるだけ口を閉じないように指示し受診

- ●歯茎・口唇・舌から出血している→清潔なガーゼ等で圧迫止血し受診

- ●口腔内に歯以外の異物がないかを確認

触診1．頬骨、上顎骨、下顎骨

①**頬骨、上顎骨、下顎を、愛護的に押しながらなぞるように触る。**

「今から頬や顎を触っていきます。痛みがある、感覚がおかしいと思ったら言ってください」

②**軽く開口させて、両方の下顎角を愛護的に押す。**

「軽く口を開けてください。今から顎を少し強く押します。痛みがある、感覚がおかしいと思ったら言ってください」

③**上顎を愛護的につかみ、上下に動かす。**

「今から口の中に私の指を入れて、上顎をつかんで、上下に少し動かします。痛みがある、感覚がおかしいと思ったら言ってください」

＊口の中に指を入れるため、かまれる危険性があること、嘔吐反射や不快感を誘発する可能性があることを理解し、傷病者の許可を取ってから実施すること。無理に実施しなくてもよい。

　痛みの増悪・圧痛点、陥凹や知覚障害、軋音（れきおん）、開口障害などがあれば骨折を疑います。例えば、頬骨骨折は、変形、鼻出血、複視、感覚異常、開口困難を伴うことがあるので留意しておくとよいです。また、複数部位の骨折が併発していることも考えられます。

触診2．歯の動揺性を確認

①検者は傷病者に「自分の舌で歯をやさしく押してみてください。いつもより動いている歯はありますか？」と聞く。あれば、どこの歯かを確認する。

②検者は清潔なグローブを装着し、「今から口の中に指を入れて歯をつまんで、少し動かします」と言い、（または、「ピンセットで歯をやさしく押します」と声をかけ）、下顎を引き下げて開口する。

③人差し指と親指で歯をつまみ、またはピンセット等を歯に当て、口腔内（舌側）－口腔外（唇側）方向にやさしく動かす。全ての歯を確認していく。わずかな動きは正常だが、過剰な動揺性や疼痛や感覚異常の増悪は、歯の破折・脱臼を示唆する。

　歯の動揺性を調べるために、触診などの検査は必ず実施すべき手技ではありません。歯が動揺していることは、傷病者自身が舌で歯を愛護的に押すことでわかるため、通常の会話が成立する場合、聴取で確認します。明らかに歯や歯茎が変形していれば無理に実施しなくてよいです。

　意識障害で会話が成立しない場合、口腔内出血や歯・歯茎の変形がなく、歯の損傷の判別が難しいなどの場合、テスト中にかまれる危険性がないことなどを確認したうえで、触診を行うかどうか判断しましょう。実施の可否について、学校歯科医に連絡し相談することも一案です。

　これを行う理由のひとつは、必要と思われる複数の診療科（例：脳神経外科、歯科・口腔外科、形成外科など）を判別し、適切な病院を選定するためです。救急車を呼んでいる場合、病院選定は救急救命士が行いますが、事前情報として現場でとっておくとよいでしょう。

熱中症

目的に応じた体の冷却方法

　炎天下での運動や、高気温・高湿度・無風などの酷暑環境で運動を継続すると、体温が著しく上昇します。高体温（38.5℃以上）の状態が続くと、運動パフォーマンスが落ちるだけではなく、熱中症のリスクが高くなるといわれており、体温の急激な上昇を防ぐためには体の冷却を運動前・中・後に行うことが熱中症の予防だけではなく、熱ストレスによる運動パフォーマンスの低下を防ぐといわれています。

　原則として、体の冷却は ①より冷たいものを用いて、②一度により広範囲の冷却が可能な手法が効率的とされています（図1）。そのため、熱射病のように一刻も早く深部体温を下げることが必要な状況では、氷水を張ったアイスバスや冷たい流水で全身を流すような方法が望ましいとされています（図2、3）。冷たい水や氷を大量に準備することができない場合は、比較的少量の氷と水でも可能なタコメソッド（TACo; tarp-assisted cooling method）という、頑丈なレジャーシート（タープ）を用いた冷却方法も効果的です（図4）。ほかにも全身を氷水につけたタオルで覆い、2～3分ごとに新しいタオルに交換する方法も、全身を水につける方法と比べると冷却速度は劣るものの、全身を簡単に冷却できるという点においては熱中症の応急処置に適しています（図5）。一方で、軽症の熱中症の応急処置として一般的に提唱されている氷のうを動脈に当てる方法は、冷却速度が前述の手法に比べて劣るため、重症度の高い熱射病の応急処置としては不適切ということもいえます。

　運動パフォーマンスの維持を目的とした身体冷却は、暑熱環境下で実施される持久系スポーツやチームスポーツにおいて有効と報告されています。冷却方法の選択は、冷却を実施するタイミングや競技特性によって変わります（表1）。また、競技時間が長い場合（おおよそ60分以上）は複数の冷却手法を用いることが推奨されます。

図1　異なる手法による深部体温の冷却速度の比較

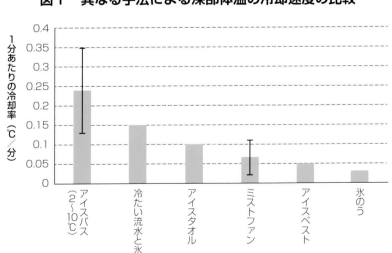

図２．アイスバス

図３．冷たい流水による冷却

図４．タコメソッド

図５．アイスタオル

表１　競技前・中・後の身体冷却方法の例

冷却方法	競技前	競技中	競技後	解説
アイスバス（全身）			◎	冷却効率が最も高いアイスバスは、競技後に体温を早急に下げる手法として適しています。
アイスバケツ（部分冷却）		○	△	アイスバスと同じく氷水につける点で冷却効果に長けています。前腕や下腿の部分冷却（アイスバケツ）が可能な競技においては有効です。
アイスタオル		◎		アイスバスやアイスバケツよりも携帯性に優れており、選手人数の多いチームスポーツにおいても準備が比較的簡単です。
氷のう	△	△	△	携帯性に優れており、また衣服がぬれることがない点で使用が簡単である一方で、冷却範囲が局所的であることから、冷却効率は比較的低いです。
ミストファン	△	△	△	競技前後の待機エリアや競技中のベンチエリアで設置できる場合に限られます。また、湿度の高い環境ではミストの気化熱による熱放散が見込めないため、注意が必要です。
アイスベスト	○			ウォームアップを妨げずに競技前の深部体温の上昇を防ぐことができます。一人ひとつ準備する必要があるため、個人スポーツでの使用が現実的です。

暑い環境での運動パフォーマンスを維持するために

　暑熱環境下で深部体温の上昇と発汗を伴うトレーニングを重ねると、人はそれらのストレスに適応し、順化前と比べて深部体温の上昇が緩やかになったり、発汗の効率がよくなったり、より

長く運動を継続できるようになります。この過程を暑熱順化といい、一般的には10 ～ 14日の
トレーニング期間が必要といわれています。スポーツ科学の研究では暑熱順化を達成するための
トレーニング方法が複数発表されており、代表的な指標として、暖かい環境（おおよそ35℃以上）
で①有酸素能力の指標である最大酸素摂取量に対して≧50％以上の強度の高強度インターバルト
レーニング、または②中～高強度の持久トレーニングが提唱されています。これらのプロトコル
は温度と湿度のコントロールが可能な人工気象室で行われる場合が多く、暑さが厳しくなる前に
人工的にシミュレーションした暑熱環境下でトレーニングを積み、いち早く暑熱順化の効果を得
ることを目的としています。しかしながら、このようなトレーニングが実践できるのは人工気象
室が完備されている一部の研究室やトレーニング施設に限られます。学生アスリートや子どもで
あれば、本格的に暑くなる前から適度な運動をすることが暑熱順化の第一歩ということになりま
す。競技能力の高いエリートアスリートであれば、適応を促すために高強度の運動が必要となり
ますが、学生アスリートや子どもが対象の場合は、汗が少しにじむ程度の運動（＞30分）を継
続的に行うだけでも汗腺の働きがよくなり、体温調節機能が高まるといえます。

　暑さの厳しい8月からプレシーズンが始まるアメリカの高校アメリカンフットボールでは、多
くの州がプレシーズン開始14日間に表2の運動ガイドラインを提唱しています。実際にこのガ
イドラインを必須としている州では、そうでない州よりも熱中症の発症率が低下したと報告され
ており、暑熱順化は運動パフォーマンスの最適化だけではなく、熱中症予防にも効果的であると
いうことがいえます。暑さが厳しくなってからの介入であっても、段階的に練習時間・内容・頻
度を上げることで暑熱順化の過程に合わせた練習計画を実践することが可能です。

表2　米国高校における夏季プレシーズン期の暑熱順化ガイドラインの例

1.	プレシーズン1～5日目は1日あたり1練習のみとする（二部練習は認めない）。
2.	高気温など、環境が練習条件として適切でない場合は、安全に運動ができる条件になるまで運動を中断する。また、1日あたりの練習時間は3時間以内とする。
3.	（技術練習を伴わない）ウォークスルーであれば、プレシーズン1～5日目の間であっても最大1時間行ってよい。ただし、練習とウォークスルーの間には最低でも3時間の休憩を必ず設ける。
4.	ヘルメットや防具を着用するスポーツでは、プレシーズン1～2日目はヘルメットの着用のみが認められ、防具を着用した練習は行わない。プレシーズン3～5日目からヘルメットとショルダーパッドのみ着用を許可し、プレシーズン6日目からは全ての防具を着用して対人型のコンタクト練習を始めてもよい。 ○アメリカンフットボール：タックルバッグなどを用いた非対人型のコンタクト練習はプレシーズン3～5日目から行ってもよい。 ○コンタクトスポーツ全般：対人型のコンタクト練習は6日目以降に開始する。

●6～ 14日目では、二部練習を導入してもよいが、2日以上連続して二部練習を予定してはならない。二部練習の翌日
　は1回の練習とウォークスルーを行ってもよいが、それらの間には3時間の休憩を必ず設ける。二部練習の翌日が休暇
　日であった場合は、次に二部練習を行ってもよい。
●二部練習を行う場合、それぞれの練習は3時間を越えてはならず、1日あたりの合計練習時間は5時間以内とする。こ
　こでいう練習時間には、ウォームアップ、ストレッチ、クールダウン、ウォークスルー、コンディショニング、ウェ
　イトトレーニングの時間が含まれる。二部練習のセッション間には最低でも3時間の休憩を設け、休憩は涼しい場所でとる。
●プレシーズン中は熱中症のリスクが高まることから、全ての練習にアスレティックトレーナー（メディカルスタッフ）
　が帯同すべきである。
※**二部練習**：休憩をはさみ1日に2回練習を行うこと。

水分補給の生理学

　人は汗が蒸発する時の気化熱から体温を奪うことで体温調節を行いますが、発汗によって体内の水分量が１％減少するごとに、深部体温は約0.2℃上昇すると報告されています。また、運動時に必要な水分量には個人差があるだけではなく、運動の内容（時間・強度）、外環境（気温・湿度）、衣服、運動開始時の脱水の度合い、暑熱順化の有無などの影響も受けます。そのため指導者は学生アスリートが自分のタイミングで水分補給できる環境を整えるだけではなく、水分補給計画の作成を推奨し（表３）、学生による自発的な水分摂取を促すことが重要です。

表３　水分補給計画のつくり方

1.	お手洗いを済ませ、運動前に（できるだけ脱衣した状態で）体重を測定して記録します（A）。
2.	運動中はマイボトルやマイカップを利用するなどして、自分の飲水量を把握します。
3.	運動後に、運動前と同様にできるだけ脱衣した状態で体重を測定し記録します（B）。また、運動中の飲水量も記録します（C）。
4.	AからBを引いた数値がこの運動条件（時間・内容・強度・環境）で自由飲水した場合の脱水量です。この脱水量がAの2％以上だった場合は、次回から飲水量を増やします。一方で、体重が増えた場合（B＞A）は水分の過剰摂取であるため、飲水量の過剰分を次回から控えるよう意識します。
5.	AからBを引いた数値にCを足し、発汗によって失われた水分量（発汗量）を算出します（D）。運動条件によってDがどのように変化するかを観察し、それ以降の練習における水分摂取量の参考値とします。

　一般的に１時間未満の運動であれば、水分補給は水で十分といわれていますが、運動時間がそれ以上に及ぶ場合や、すでに熱中症の症状が見られる場合には、電解質や糖質を含むスポーツドリンクを併用することが推奨されます。

頭部外傷

　児童・生徒が頭や体に何らかの衝撃を受けて倒れた場合には、まず生命徴候を確認し、運動や活動から外して、以下の項目について確認しましょう。

はじめに、緊急度の高い頭部外傷の症状や様子がないかを確認

　以下の項目が当てはまる場合は救急車を要請してください。緊急手術が必要になるような重篤な頭部外傷が発生している可能性があります。

- **意識消失**　一瞬でも意識消失が見られた場合は、とても強い衝撃が脳に加わっています。
- **悪化する頭痛**　頭が割れるような痛みが続いたり、痛みが増悪したりしている場合は、頭蓋骨内で出血（血腫）している可能性があります。
- **首の痛み**　寝違えたような痛みではなく、強い痛みを訴えてきた場合は頸椎を痛めている可能性があります。
- **ろれつが回らない**　うまくしゃべることができないような場合は、頭蓋骨内で出血（血腫）している可能性があります。
- **繰り返す嘔吐**　嘔吐を繰り返す場合は、脳が腫れて脳内の圧力が高くなっている可能性があります。
- **増悪する落ち着きのなさや混乱**　自身の今の状況を判断することができなくなります。
- **手足の脱力やしびれ**　頸椎を痛めている場合は、手足に力が入りにくかったり、しびれが感じられたりします。
- **異常な行動変化**　暴力的になったり、怒りっぽくなったりする場合があります。
- **強い眠気で起きられない**　起こしても起きていることが困難な場合があります。
- **人や場所が認識できない**　記憶を呼び起こす機能や記憶を定着させる機能が低下している可能性があります。

　上記のような症状や様子が確認されなかった場合は、次の「脳振盪の人に見られる様子」がないか確認しましょう。

次に、周囲の人がわかる脳振盪の人に見られる様子を確認

- **倒れて動かない**　意識はあるが、倒れてから起き上がろうとしない場合があります。
- **言っていることがわからない/混乱している/質問に正確に答えられない**　支離滅裂なことを言っていたり、状況を把握できずに少しパニックになったりする場合があります。
- **顔面にけががある**　顔面にけががあるということは、それほどの衝撃を間接的に脳も受けています。鼻や目や耳を負傷した際にも、脳振盪の症状が出ていないかを確認してください。

- **衝撃を受けた直後立ち上がるのが遅い**　痛みがあって動けない場合や、動きがゆっくりになることがあります。
- **フラフラしている/動きがぎこちない**　平衡機能が低下してふらついたり、動きがぎこちなくなったりすることがあります。
- **無表情/ぼんやりしている**　普段と比較して覇気のない表情や、考え事をしているようなぼーっとした表情になる場合があります。

上記のような様子が見られた場合には、次のような対応をとりましょう。

脳振盪が疑われる人への対応のポイント

- **運動は中止する/一人にしない**

  直ちにその児童・生徒を運動や活動から外しましょう。脳振盪になっている可能性や、より重篤な頭部外傷になっているかもしれませんので、運動や活動を続けることは危険です。運動や活動は中止してください。また、急変してしまう可能性もありますので、必ず一人にはしないようにしましょう。

- **家族に伝える/必ず付き添う**

  児童・生徒がどのような状況であるかを保護者の方に伝え、脳神経外科へ連れていってもらいましょう。保護者の方が連れていけない場合は、学校の者が付き添うようにしてください。まれに急変することがありますので、必ず大人が対応してください。

- **必ず脳神経外科を受診**

  脳神経外科を受診し、きちんと検査してもらいましょう。受診の際には、CTやMRIによる画像検査をしてもらいましょう。CTやMRIなどの画像で頭蓋内の出血や病変が認められた場合は、脳振盪よりも重篤な頭部外傷となります。頭蓋骨の中の変化（出血や病変）は外から見ているだけではわかりません。周りから見てわかる情報だけで「大丈夫！」とは判断しないようにしましょう。少しでも、「あれ？　何かおかしいかもしれない」と感じるような様子が見られた場合には、少ししかぶつけていないように見えても、脳神経外科を受診させるようにしましょう。

- **画面を見過ぎない/脳を疲れさせない**

  テレビやPC、スマートフォンの画面は光が強く、脳振盪の症状を長引かせてしまうといわれています。読書なども脳が疲れてしまうので、脳振盪になってからすぐは行わないようにしてください。

●**十分に休む/学業や運動への復帰は段階的に**

脳振盪からの回復には休息が必要です。脳振盪になってから48時間は身体的・認知的に安静にさせ、悪化することがないか観察してください。それ以降は日常生活から段階的に行うようにしてください。学業活動がきちんとこなせるようになってから運動活動を再開するようにしてください。

●**クラスの友だちに伝えておく**

脳振盪になった後、クラスの友だちとの関係はとても大事です。脳振盪になった友だちは脳振盪の影響で普段とは違う振る舞いをしてしまうかもしれません。本人が望んでいないのにそのような行動をとってしまうこともあります。友だちがどのような状況にあるのかをクラスや学校全体で共有し、注意しておきましょう。

救急搬送までにできること

救急車を要請したら、救急車の搬入経路を確保しましょう。このような状況になった時に慌てずに対応できるよう、EAP（Emergency Action Plan：緊急時対応計画）の作成をお勧めします。また、バックボードへの固定も定期的に確認して自信を持って行えるようにしておきましょう。意識があり動ける場合は、楽な姿勢で待機させましょう。仰向けで待機していると、嘔吐した際に吐しゃ物が喉に詰まってしまう可能性がありますので、仰向けは避けるようにしましょう。救急隊に引き継ぐために、どのような状況で脳振盪が発生したのかを記録しましょう。発生時刻なども記録しておくとよいと思います。また、脳振盪の情報のほかに、搬送する児童・生徒の氏名、生年月日、年齢、アレルギー、服用中の薬などは伝えられるようにしておきましょう。

脳振盪の症状について

スポーツ脳振盪の国際会議では、脳振盪になった場合に現れる自覚症状は22種類あると報告しており、SCAT（Sport Concussion Assessment Tool）が評価ツールとして推奨されています。（※SCATは4年ごとに改訂されていますので、その時の最新版をご利用ください。）自覚症状を評価し、どのような症状が、どの程度あるのかを確認することは、回復過程のモニタリングに有用的であるとされています。自覚症状は、「なし」の「0」から、「重度」の「6」までの7段階で重症度を評価します。普段と比べて、自覚症状がどの程度あるのかを評価します。出現している自覚症状の項目数（22項目中○項目）と、全項目の重症度を合計した総数（132点中○点）を記録して変化を確認するようにしましょう。

また、SCATは13歳以上を対象としているため、12歳以下の子どもへの対応はChild SCATを使用してください。言い回しなどが子ども向けに作成されていますので、子どもが読んでも回答することができます。また、子どもは自分に起こっていることをうまく表現できない場合があるため、普段の様子を理解している保護者などからも同じように聞き取りをしましょう。さらに、子どもの場合は細かく評価することが難しいため、「なし」は「0」、「すこし/たまに」は「1」、「わ

りと/ときどき」は「2」、「とても/いつも」は「3」の4段階で評価します。

子ども用自覚症状の評価シート

子どもからの報告	なし	すこし たまに	わりと ときどき	とても いつも
頭が痛い	0	1	2	3
ふらふらする	0	1	2	3
部屋がぐるぐる回るよう	0	1	2	3
気が遠くなりそう	0	1	2	3
ものがぼやけて見える	0	1	2	3
ものがだぶって見える	0	1	2	3
気持ち悪い	0	1	2	3
首が痛い	0	1	2	3
とても疲れる	0	1	2	3
すぐに疲れる	0	1	2	3
注意散漫	0	1	2	3
すぐに気が散る	0	1	2	3
集中できない	0	1	2	3
いわれたことが覚えられない	0	1	2	3
いわれたことができない	0	1	2	3
ぼんやりしている	0	1	2	3
混乱している	0	1	2	3
何でも忘れやすい	0	1	2	3
最後までがんばれない	0	1	2	3
何が起きているのかわからない	0	1	2	3
新しいことが覚えられない	0	1	2	3
眠れない／寝つけない	0	1	2	3

保護者用自覚症状の評価シート

保護者からの報告　お子さんは：	なし	軽度 たまに	中等度 ときどき	重度 いつも
頭が痛い	0	1	2	3
ふらふらする	0	1	2	3
まわりがぐるぐる回っているように感じる	0	1	2	3
気を失いそう	0	1	2	3
ぼやけて見える	0	1	2	3
だぶって見える	0	1	2	3
吐き気がある	0	1	2	3
首が痛い	0	1	2	3
とても疲れる	0	1	2	3
すぐに疲れる	0	1	2	3
注意散漫である	0	1	2	3
すぐに気が散る	0	1	2	3
集中できない	0	1	2	3
いわれたことが覚えられない	0	1	2	3
いわれたことができない	0	1	2	3
ぼんやりしている	0	1	2	3
混乱している	0	1	2	3
ものごとを忘れやすい	0	1	2	3
最後まで頑張れない	0	1	2	3
何が起きているかわからない	0	1	2	3
学習に支障がある	0	1	2	3
眠れない／寝つけない	0	1	2	3

　これらの評価ツールを活用して、児童・生徒の脳振盪からの回復を管理し、学業や運動への復帰をサポートしていきましょう。復帰サポートの順番は、まず通常の日常生活が送れるようになり、次に学業活動への復帰、最後にスポーツ活動への復帰となります。脳振盪になってから回復までにかかる期間は個人で異なるため、個人の症状や状態を確認して対応するようにしてください。また、脳振盪になった直後から1週間程度は、認知的活動を休めるように、学校全体でのサポートが必要になります。普段と同じ時間帯に朝起きることや、通学のために乗る電車やバスなどが普段より大きな負荷となるのです。そのうえ、授業を受ける、勉強する、人と話をするなどの、通常は何気なく行えていることが大きな認知的負荷となってしまいます。認知的休息をとらずに、認知的活動を続けてしまうと、自覚症状が悪化してしまうことも多くあります。

脳振盪の予防

　脳振盪は、マウスピースやヘルメットなどを装着していても防ぐことができません。これを身につけておけば予防ができる、という装具や道具もありません。しかし、脳振盪や頭部外傷が多く発生している事例から、体格差や技術差のある者での対戦を避けること、危険なプレーをさせないなど、児童・生徒へ脳振盪の啓発教育を行うことで、脳振盪の発生は軽減できます。また、全学の教員や保護者への啓発教育も不可欠になります。脳振盪は危険なけがであること、多くの助けが必要なけがであることなどを認識し直していただき、脳振盪に関わる文化を変え、児童・生徒を守りましょう。

おわりに

　本書を作成しているさなかに、新型コロナウイルス感染症が全世界に拡大しました。学校は休校を余儀なくされ、部活動は中止となり、子どもたちは自由に仲間と公園で遊んだり、スポーツをしたりすることができなくなりました。しかし、この期間があったことで、私たちは仲間とスポーツをする楽しさ、体を動かすことの爽快さを再認識させられました。そして、スポーツを実践する子どもたちとスポーツを指導する立場にある人が、一緒に安全な環境を作っていくことの重要性を強く感じました。

　本書作成にあたり、スポーツパフォーマンス稲門会・スポーツセーフティワーキンググループの皆様をはじめ、千葉大学、埼玉大学、十文字学園女子大学のゼミ生の皆様、養護教諭の仲間や岩倉高校の先生方に多大な協力をいただきました。そして何よりも岩倉高校の生徒と卒業生の皆様には、本書作成のためのヒントをたくさんいただきました。皆様に心より感謝申し上げます。

　この本が、子どもたちが安全な環境で思う存分スポーツをすることができるための一助となることを、執筆者一同で願っています。

さくいん

■著者紹介

編集・執筆

金澤 良

学校法人明昭学園 岩倉高等学校 養護教諭・保健体育科教諭
コンディショニングアドバイザー

三森寧子

千葉大学教育学部 学校教員養成課程 養護教諭コース 准教授

齋藤千景

埼玉大学教育学部 学校保健学講座 准教授

執筆者

村田祐樹

名古屋大学大学院教育発達科学研究科博士後期課程、日本学術振興会特別研究員DC
日本スポーツ協会アスレティックトレーナー

Ⅲ 研究の最前線　スポーツ活動中の心停止

山中美和子

早稲田大学大学院スポーツ科学研究科 博士後期課程
米国資格認定委員会（Board of Certification）公認アスレティックトレーナー

Ⅲ 研究の最前線　PRICE処置／止血

大木 学

（有）トライ・ワークス 帝京大学ラグビー部トレーナー（救急救命士）
米国資格認定委員会（Board of Certification）公認アスレティックトレーナー

Ⅲ 研究の最前線　目のけが
Ⅲ 研究の最前線　歯のけが

細川由梨

早稲田大学 スポーツ科学学術院 講師（専任）
米国資格認定委員会（Board of Certification）公認アスレティックトレーナー

Ⅲ 研究の最前線　熱中症

大伴茉奈

国立スポーツ科学センター 研究員
子ども安全管理士

Ⅲ 研究の最前線　頭部外傷

■ポスター監修

（バイタルサイン・心肺停止 意識確認・心肺停止 応急手当・けがの対応 PRICE処置・けがの対応 止血処置・目のけが・歯のけが・スポーツ活動中の熱中症・熱中症の予防・頭部外傷）
スポーツパフォーマンス稲門会スポーツセーフティワーキンググループ
中村千秋、高橋忠良、大木学、中井真吾、原田長、薄井葉子、森永祐子、村田祐樹、大伴茉奈、細川由梨、山中美和子

参考文献

▌Ⅱ 学校におけるスポーツ事故への対応

草川功監修、全養サ書籍編集委員会著『ここがポイント！学校救急処置』農山漁村文化協会,2018.

医療情報科学研究所編『病気がみえる〈vol.12〉眼科』メディックメディア,2019.

文部科学省ホームページ「落雷事故の防止について（依頼）」

https://www.mext.go.jp/a_menu/kenko/anzen/1375858.htm

文部科学省ホームページ「学校の危機管理マニュアル作成の手引」

https://www.mext.go.jp/a_menu/kenko/anzen/__icsFiles/afieldfile/2019/05/07/1401870_01.pdf

▌Ⅲ 研究の最前線　スポーツ活動中の心肺停止

Asif IM, Toresdahl BG, Drezner JA「Chapter 3 Prevention of sudden cardiac death in young athletes.」Edited by Casa DJ, Stearns RL, 『Preventing sudden death in sport and physical activity, 2nd edition』Jones & Bartlett Learning LCC, Burlington, 33-50, 2017.

池田徳隆「特別講演 心臓突然死のリスク層別化, 世界レベルでみた有用な指標を知る」『Therapeutic Research』33（11）: 1647-1653, 2012.

文部科学省「学校における体育活動中の事故防止について（報告書）」

http://www.mext.go.jp/a_menu/sports/jyujitsu/1323968.htm（最終閲覧2019年1月5日）

Hainline B, Drezner J, Baggish A, Harmon KG, Emery MS, Myerburg RJ, Sanchez E, Molossi S, Parsons JT, Thompson PD「Interassociation consensus statement on cardiovascular care of college student-athletes」『Br J Sports Med』51（2）: 74-85, 2017.

鮎沢衛「学校管理下突然死の現状と課題, 救急蘇生·AED普及に伴うパラダイムシフト」『日本小児循環器学会雑誌』32（6）: 485-497, 2016.

American Heart Association「心肺蘇生と救急心血管治療のためのガイドラインアップデート2015ハイライト」

Baltsezak S「Bowing, kneeling and 'prostration': athlete's collapse patterns during sudden cardiac arrhythmia/arrest on the field of play」『Emerg Med J』31（11）: 939-41, 2014.

Casa DJ, Almquist J, Anderson SA, Baker L, Bergeron MF, Biagioli B, Boden B, Brenner JS, Carroll M, Colgate B, Cooper L, Courson R, Csillan D, Demartini JK, Drezner JA, Erickson T, Ferrara MS, Fleck SJ, Franks R, Guskiewicz KM, Holcomb WR, Huggins RA, Lopez RM, Mayer T, McHenry P, Mihalik JP, O'Connor FG, Pagnotta KD, Pryor RR, Reynolds J, Stearns RL, Valentine V「The inter-association task force for preventing sudden death in secondary school athletics programs: best-practices recommendations」『J Athl Train』48（4）: 546-53, 2013.

Drezner JA, Courson RW, Roberts WO, Mosesso VN Jr, Link MS, Maron BJ「Inter Association Task Force. Inter Association Task Force recommendations on emergency preparedness and management of sudden cardiac arrest in high school and college athletic programs : a consensus statement」『Prehosp Emerg Care』11（3）: 253-71, 2007.

日本赤十字社「一次救命処置（BLS）, 心肺蘇生とAED, JRC蘇生ガイドライン2015対応」

https://www.youtube.com/watch?v=N_b5wYiRwZE（最終閲覧2019年1月5日）

Adams WM, Scarneo SE, Casa DJ「State-Level Implementation of Health and Safety Policies to Prevent Sudden Death and Catastrophic Injuries Within Secondary School Athletics」『Orthop J Sports Med』5（9）: 2325967117727262, 2017.

広瀬統一・泉重樹・上松大輔・笠原政志編『アスレティックトレーニング学』文光堂, 2019.

独立行政法人日本スポーツ振興センター『学校における突然死予防必携（改訂版）』2011.

▌Ⅲ 研究の最前線　PRICE処置／止血

Wester JU, Jespersen SM, Nieksen KD, Neumann L「Wobble board training after partial sprains of the lateral ligaments of the ankle: a prospective randomized study」『J Orthop Sports Phys Ther』23（5）: 332-6, 1996.

Singletary EM, Charlton NP, Epstein JL, et al.「Part 15: First Aid: 2015 American Heart Association and American Red Cross Guidelines Update for First Aid」『Circulation』132（18 Suppl 2）:S574-S589, 2015.

Bleakley CM, McDonough SM, MacAuley DC, Bjordal J「Cryotherapy for acute ankle sprains: a randomised controlled study of two different icing protocols」『Br J Sports Med』40（8）: 700-705, 2006.

Hubbard TJ, Aronson SL, Denegar CR「Does Cryotherapy Hasten Return to Participation? A Systematic Review」『J Athl Train』39（1）: 88-94, 2004.

Bleakley CM, O'Connor SR, Tully MA, et al.「Effect of accelerated rehabilitation on function after ankle sprain: randomised controlled trial」『BMJ』340: c1964, 2010.

Kaminski TW, Hertel J, Amendola N, et al.「National Athletic Trainers' Association position statement: conservative management and prevention of ankle sprains in athletes」『J Athl Train』48（4）: 528 545, 2013.

Merrick MA「Secondary injury after musculoskeletal trauma: a review and update」『J Athl Train』37（2）: 209-217, 2002.

van den Bekerom MP, Struijs PA, Blankevoort L, Welling L, van Dijk CN, Kerkhoffs GM「What is the evidence for rest, ice, compression, and elevation therapy in the treatment of ankle sprains in adults?」『J Athl Train』47（4）: 435-443, 2012.

■ III 研究の最前線　目のけが

中澤満・村上晶・園田康平編『標準眼科学 第14版』医学書院, 2018.

児玉南海雄・峯浦一喜監修, 新井一・冨永悌二・宮本享・齊藤延人編『標準脳神経外科学 第14版』医学書院, 2017.

古谷伸之編『診察と手技がみえる.vol 1』メディックメディア, 2007.

医療情報科学研究所編『病気がみえる〈vol.7〉脳・神経』メディックメディア, 2011.

三上剛人編『もしもの時に必ず役立つ！緊急・応急処置Q&A』日本看護協会出版会, 2013.

杉本勝彦編『ナースのポケットに強い味方　救急看護へのサポート』南山堂, 2002.

David J. Magee『Orthopedic physical assessment. Third edition』W.B.Saunders Company, 1997.

Chad Starkey. Jeff Ryan『Evaluation of orthopedic and athletic injuries』F.A.Davis Company, 1996.

戸塚伸吉・恩田秀寿「学校現場における重傷眼外傷」『あたらしい眼科』36 (4)：553-558, 2019.

宮浦徹「学校におけるスポーツ眼外傷の実態と対策について」『MB OCULI』No.58：37-43, 2018.

枝川宏「スポーツ眼外傷とその予防について」『MB OCULI』No.58：44-49, 2018.

宇津見義一「学校での眼外傷とスポーツ用眼鏡」『あたらしい眼科』30 (8)：1101-1107, 2013.

黒澤尚・星川吉光・高尾良英ほか編『スポーツ外傷学II 頭頸部・体幹』医歯薬出版株式会社, 2000.

■ III 研究の最前線　歯のけが

北村和夫監修・楊秀慶編『外傷歯のみかたと対応』医歯薬出版, 2018.

日本外傷歯学会「歯の外傷治療のガイドライン」2018年7月改訂.

下山和弘・秋本和宏編『カラー版 やさしい歯と口の事典』医歯薬出版, 2018.

堀進悟監修・田島康介『マイナー外科救急レジデントマニュアル』医学書院, 2016.

日本口腔外科学会.日本口腔顎顔面外傷学会「口腔顎顔面外傷 診療ガイドライン2015年改訂版 第II部」2015.

独立行政法人日本スポーツ振興センター『学校の管理下における歯・口のけが防止必携』2008.

黒澤尚・星川吉光・高尾良英ほか編『スポーツ外傷学II 頭頸部・体幹』医歯薬出版株式会社, 2000.

井上信明編『おさえておきたいすぐに使える子どもの救急手技マニュアル』診断と治療社, 2014.

David J. Magee『Orthopedic physical assessment. Third edition』W.B.Saunders Company, 1997.

Chad Starkey. Jeff Ryan『Evaluation of orthopedic and athletic injuries』F.A.Davis Company, 1996.

日本学校歯科保健・教育研究会「歯・口の外傷防止教育の意義と進め方」『心とからだの健康』23 (6)：19-24, 2019.

■ III 研究の最前線　熱中症

Adams WM, Hosokawa Y, Casa DJ「Body-Cooling Paradigm in Sport: Maximizing Safety and Performance During Competition」『J Sport Rehabil』25 (4)：382-394, 2016.

Hosokawa Y, Adams WM, Belval LN, Vandermark LW, Casa DJ「Tarp-Assisted Cooling as a Method of Whole-Body Cooling in Hyperthermic Individuals」『Ann Emerg Med』69 (3)：347-352, 2017.

Pryor RR, Casa DJ, Adams WM, et al.「Maximizing Athletic Performance in the Heat」『Strength & Conditioning Journal』35 (6)：24-33, 2013.

Casa DJ, Csillan D, Inter-Association Task Force for Preseason Secondary School Athletics Participants, et al.「Preseason heat-acclimatization guidelines for secondary school athletics」『J Athl Train』44 (3)：332-333, 2009.

McDermott BP, Anderson SA, Armstrong LE, et al.「National Athletic Trainers' Association Position Statement: Fluid Replacement for the Physically Active」『J Athl Train』52 (9)：877-895, 2017.

■ III 研究の最前線　頭部外傷

[No authors listed]「Concussion recognition tool 5©」『Br J Sports Med』51 (11)：872, 2017.

Echemendia RJ, Meeuwisse W, McCrory P, et al.「The Concussion Recognition Tool 5th Edition (CRT5): Background and rationale」『Br J Sports Med』51 (11)：870-871, 2017.

McCrory P, Meeuwisse W, Dvořák J, et al.「Consensus statement on concussion in sport-the 5th international conference on concussion in sport held in Berlin, October 2016」『Br J Sports Med』51 (11)：838-847, 2017.

Sport concussion assessment tool - 5th edition. http://dx.doi.org/10.1136/bjsports-2017-097506SCAT5

Echemendia RJ, Meeuwisse W, McCrory P, et al.「The Sport Concussion Assessment Tool 5th Edition (SCAT5): Background and rationale」『Br J Sports Med』51 (11)：848-850, 2017.

Sport concussion assessment tool for childrens ages 5 to 12 years.

http://dx.doi.org/10.1136/bjsports-2017-097492childscat5

Davis GA, Purcell L, Schneider KJ, et al.「The Child Sport Concussion Assessment Tool 5th Edition (Child SCAT5): Background and rationale」『Br J Sports Med』51 (11)：859-861, 2017.